在競爭中不存在著謙讓

在競爭中不存在著謙讓

# 狼噬

## 強者的生存法則

弱肉強食，是大自然殘酷的法則，唯有強者能生存。
成王敗寇，是社會現實的法則，同樣只有強者能存活下來。
狼的智慧是生存的智慧、是強者的智慧、是成功的智慧。
讀完本書將讓你多一些勇猛的狼性，少一些懦弱的羊性。
**讓你成為激烈競爭中的勇者、強者、成功者。**

## 競爭中不存在謙讓

麥道莫◎著

狼的狡黠和智慧，狼的軍事才能，狼的頑強不屈的性格和尊嚴，狼的團隊精神和家族責任感，使狼成為草原民族的獸祖，宗師，戰神與楷模．

強者的生存法則

# ·目錄·

## 狼噬：強者的生存法則

# 第一篇

# 狼的世界是崇尚強者的世界

——面對競爭，脱穎而出

## 物競天擇唯有強者才能生存

狼之間並非總能「和平共處」，冬末春初交配時節，頭狼必須重新為捍衛自己的尊嚴和地位進行殊死的搏鬥，如果戰敗，就必須「讓位」，並無條件服從「新首領」的「狼王」。這就是物競天擇。

培根這樣說過：「知識就是力量。」所以，在今天的世界裡，與人競爭，就是知識競爭，智慧的競爭。只有我們掌握了最先進的知識和技能，就有力量參與競爭，就能夠在改革開放的時代為自己爭取到生存權。

從進化論的角度和觀點出發，競爭是不可避免之事，「物競天擇，適者生存」，從生物界到植物界，從動物界到人類社會，到處都存在競爭。唯有透過競爭，社會才能發展，人類才會進步。在社會發展過程中，需要透過競爭發現人才，而人才只有積極參與競爭，才能夠脫穎而出，不參加競爭者將最終被淘汰。既然是這樣，我們與其被迫去競爭還不如走向前去，勇敢地接受這「競爭」！走向前去，勇敢地面對「競爭」，參與競爭！草原上的狼，從很小的時候就已經開始了競爭，跟兄弟姐妹們爭食物，跟遇到的天敵爭速度，等等。

但是，要勇敢地面對並加入「競爭」這並不是一句空話，並不是一句口號，也並不具有「咒語般」的魔力。因為，第一，既然是在現代社會裡的「競爭」，那麼大家就應該是平等的，沒有特權的存在，也沒有「最惠的待遇」存在，而有的只是共同的存在基礎，共同的競爭舞台與共同的「市場選擇器。」因此，我們都應該放下思想的包袱，放下心理的負擔。因為，列祖列宗不能蒙蔭我們萬世，父輩母輩也不能輔佑我們今生，關係和朋友也不能神通廣大，到處顯靈，所以我們青年人應該徹底清醒地認識到，我們必須競爭，靠自己。

第二，既然是「競爭」，就必然是十分重要的，因為不重要的，我們根本沒有必要去競爭，那樣只是白費氣力和成本，是不科學的。因此，既然是重要的，則其激烈、殘酷的程度也必然是可想而知的，在競爭過程中是沒有同情可講、沒有憐憫可說的，「優勝劣汰」短短四個字就為它的殘酷性做了最直接的，最透徹的注釋了。

因此，當我們鼓足了勇氣，壯足了膽量，要面對與加入這「競爭」時，我們需要清醒的是，我們參加的不是一場「萬聖節」的假面舞會，或者去「狄斯奈樂園」尋找一些刺激，也不是去超市或商場悠閒購物，或飯後茶餘閒庭信步；我們需要清醒地認識到的是，我們進入的是一個沒有硝煙的戰場，參加的是一場永遠沒有結束的戰爭。

俗話說：「打鐵先要自身硬」，「不打無準備之仗」。為了能在這激烈殘酷的競爭中「適者生存」，我們首先要把自己培養成一個有「競爭能力」的人，從而能立於不敗之地。

學習掌握電腦知識是今天社會能否參與競爭的基本技能。在人類發展的歷史上，沒有任何一件工具能夠像電腦這樣徹底改變了人類社會的面貌。自從第一台電子電腦ENIAC在一九四六年誕生，到今天為止，也只是短短半個世紀的時間，而在這短短的五十年中，人數社會已跨入了一個嶄新的時代，那就是資訊時代。資訊時代是電腦的時代，電腦將會在人們日常生活或工作中發揮著決定性的影響作用。

從大量的文字處理到資料處理，從普通創作到建築設計，從通訊到查詢，從遊戲娛樂到VCD享受，可以說電腦（連同互聯網）已深入到我們現代生活的各個角落，成為我們生活的再也難以分割的組成部分了。

在這樣的競爭激烈的電腦時代，青年人要想走上社會，有個好的工作職位，不懂電腦則將

是寸步難行，幾乎不可能。今天的「機盲」就如同過去的「文盲」一樣可怕，所以青年人應該認識到這一歷史發展趨勢，儘快掌握電腦知識，以適應社會，充分享用資訊時代之美餐，為自己贏得更好的生活條件和事業成功增加砝碼。

掌握一門外語是進入世界大舞台參與競爭的入場券。眾所周知，因為英國早期的全球範圍內的殖民擴張以及當今美國之霸主地位，使得英語幾乎成了世界通用語言，所以要想參加國際交流和合作，應該掌握英語。

英語廣泛地應用在當今世界的政治、經濟、文化、科學等交往中。對於政治交往，當今世界之最大事務，也就是聯合國了。雖然聯合國有五種正式的官方語言，但由於總部設在紐約，其雇傭的工作人員多為美國人，因此，在平時事務的處理中，英語還是佔著絕對地位的。在經濟的交往中，國際間貿易的往來、函電、傳真的處理，具體術語的定義，簡略語的應用，無不都是以英語為基礎的。

在科學界，發表的科技文獻中，以英語發表的文獻佔據了所有科技文獻的大部分。此外，許多科學會改的工作語言也是英語。英語還廣泛運用於交友、談判、交易、遊、教育、娛樂等很多方面，即使是生長於東方的青年人也無法避開英語的影響。激烈的競爭是現實的，是不容我們退縮和怯弱的，也不是於夸夸其談」，「紙上談兵」，而是憑藉自己的實力打一場沒有硝煙的戰爭。所以為了生存，為了成功，為了自己也為了國家，讓我們作好充分的準備，掌握硬實的本領和技能，拋棄舊有的觀念的束縛，清醒地認識世界和未來，樹立強烈的競爭意識和風險意識，去大膽競爭，並熱愛競爭。

## 競爭中不存在謙讓

無論是人的世界還是狼的世界，競爭都是殘酷的，有時甚至是你死我活的。在食物極其短缺的情況下，食物僅僅能滿足一隻狼的生存，那麼，素來講親情的狼這時候也就不再溫良恭儉讓了。

我們現在的社會就是一個競爭的社會，每個人的生存權力只有在競爭中去獲得。但是，我們中國人受傳統思想的束縛，總是存在著君子謙讓的習慣，這樣常常在激烈的商品競爭中失去機會。

這裡有一個笑話，但是能夠說明現代競爭機制的殘酷性。有這麼兩個好朋友，他們一起去森林散步，一切都很浪漫，他們邊走邊談論著人生，談論各自的理想，非常投機合緣。突然這時候，從樹林裡衝出來一隻大老虎，兩個人都想逃命。正當一個人拔腿要跑的時候，卻發現另一個人卻正在換跑鞋。他十分不理解，深感迷惑地說：「現在都什麼時候了，你還換什麼跑鞋呀？你這不是在耽誤時間嗎！就算你換上跑鞋也一樣跑不過老虎的！」

可是這個人邊換鞋邊回答道：「我為什麼要跑過老虎呢？我只要跑得比你快就不會被老虎吃掉了！」

這個故事說明了一個道理：競爭是無情的。無論平時是怎樣的好兄弟、好伙伴，一旦相互之間有了利益衝突，一切情面都會變得不堪一擊，再好的兄弟也會變成死對頭。

相信大家都聽過一句話：「商場無父子。」即使是父子，只要到了生意場上，就是競爭對手。如此激烈的競爭，我們怎能無動於衷呢？

物競天擇，適者生存，這是競爭的本質和普遍規律。競爭的這種優勝劣汰的根本屬性使得它既是一種激勵機制，又是一種淘汰機制。作為激勵機制，它可以使勝利的人獲得競爭目標，需要得到滿足，受到世人的敬慕與輿論的讚揚。而作為淘汰機制，它則會使失敗的人失去競爭目標，需要得不到滿足，並且往往還會受到世人的輕視和輿論的嘲弄。可以說，正是在競爭的刺激和壓力之下，才迫使社會成員不斷進取，超越他人，最終融匯成社會進步的巨大洪流，推動人類社會不斷進步。因此，競爭從某種意義上來說也就可以被看做是社會進步之母，文明公

平的競爭對於推動社會發展有著巨大的作用。

馬克思在談到競爭時就曾指出：「這是一個規律，這個規律一次又一次地把資產階級的生產甩出原先的軌道，並迫使資本加強勞動的生產力，因為它以前就加強過勞動的生產力；這個規律不讓資本有片刻的停息，老是在耳邊催促說：前進！前進！資本經濟正是在競爭機制的推動下飛速發展，使資產階級在不到兩百年的階級統治中所創造的生產力，比過去一切時代創造的生產力還要多，還要大。」

中國這二十多年的改革開放也正充分說明了競爭對經濟發展的巨大推動力，市場經濟競爭機制的引入，使中國二十多年來的國民經濟得到了飛速發展。

市場是最公正的法官、最沒有感情的裁判員。所有的競爭者均享有平等的機會，但競爭的結果卻只能是「擇優錄取」，「優勝劣汰」。

一位總經理曾經談過這樣一件事：

一次，他的公司招聘一名經理，有許多人前去應聘，他一眼就從應聘者中看中了一位年輕人。面試開始了，一個又一個的應聘者走進了他的辦公室，可是那個年輕人卻一直沒有露面。這位老總感到很奇怪，於是就讓他的秘書去瞭解一下情況。秘書回來報告說，那位年輕人遇到了同時來應聘的一些朋友和親戚，於是就讓他們先進來面試了。終於，那位年輕人進來了，果然他顯示出了高於其他應聘者的能力，但最終這位經理總卻沒有錄用他。

當有人問他為什麼時，他說道：「雖然他有著超出其他人的才幹，但是最重要的是他缺乏競爭意識。他既然能把應聘的優先權讓給別人，那麼難保他不會把重要的商機讓給競爭對手。才能是可以培養的，而競爭意識則是內生的。我不能把自己的公司交給一個沒有競爭意識的人去管理。」

競爭意識正在逐漸成為衡量一個人能力的標準之一。正如這位老總說的，沒有競爭意識的人是不可能獲得成功的。看到這裡，你是否也應該停下來想一想這些問題：我是一個有競爭性的人嗎？我的競爭意識到底有多強？

要想在今天的激烈競爭中獲得自己的生存權，就必須改變傳統的觀念，大膽表現自己，積極表現自己，把機會抓在自己手裡。因為只有你自己獲得了生存，才能真正幫助你願意幫助的人。而競爭的根本目的就是要把真正有才能的人推上重要的位置，發揮聰明才智，給社會創造財富。如果做個謙謙君子，把機會讓給才能不如你的人，實際上就是對社會的犯罪。

## 本領多才能在競爭中脫穎而出

狼的繁殖能力是比較強的，大多數品種的狼每次生下三—五隻小狼，多的可以到七隻左右，但是，能夠活下來的僅僅只有一—二隻，有時候甚至會「窩」覆滅。狼的存活率如此低，主要是因為生存環境過於嚴酷，如果某一隻狼掌握的本領少一些甚至少一樣，就有可能無法活到成年。

知識經濟是需要人們不斷接受新知識，掌握多種技能，適應社會需要。因為在勞動力市場上勞動力供大於求的情況下，人們以「多技之長」讓自己處於優勢的主動地位，是大勢所趨。

隨著市場經濟體制的變化，市場對人才是求賢若渴，但此時市場需要的並非只是有「一技之長」的人才。譬如說，某某公司擬招聘一批業務員，除了學歷及外貌上有要求外，口齒清晰、表達能力也不可少，但是僅僅如此還不行。我們可以看到在同一個職位的競爭下，僅「一技之長」者往往會被拒之門外。

如業務員的聘用除了要求應聘者有一定的業務知識外，聘用公司很多還考察應聘者的工作經驗是否豐富、對市場變化的感覺是否靈敏……等等，有時除了要會講流利的國語和簡單的英日語外，還要求應聘者熟悉該公司在某個區域被群眾接受的程度或是會講客家、原住民等的方言。

這樣一來，如果你只是個「一技傍身」的應聘者，你能敵得過掌握多種技能的人嗎？一句話，科技時代渴求多方面人才。對於應聘者來說，要想走在時代前端，不想落後於人，就應時刻充滿就業危機感，多多充實，多涉及各個領域的專業知識，努力使自己成為「多技傍身」的多面手，在不斷的實踐中脫穎而出，成為時代的佼佼者。

在相當長的一段時間裡，從我們的企業到諸多就業者本身，一直把擁有「一技之長」作為就業謀生的手段，而在百姓中間那所謂「縱有良田千頃，不如一『技』在身」，「一招鮮吃遍天」等順口溜更是傳遍五湖四海，傳得百姓們大嘴一張一張的盡躺在「一技之長」的快樂中睡大覺。

可是，當我們的地球轉入二十一世紀，走進網路時代，當我們的企業面對滾滾波濤的資訊

潮流，當社會上的三百六十行早已被三千六百行甚至三萬六千行所取代的時候，「一技之長」還管用嗎？答案顯然是否定的！

比如說，在過去，從事會計的人，只需知道會計原理，懂得做會計報表，進行財務成本分析，會打算盤就夠了。可是在今天，他要是不懂使用電腦，不能通過「資訊」匯總和分析對企業的整個生產成本進行管理，那麼他這個會計鐵定當不長久。

靠一技之長吃一輩子的老黃曆，曾經「造就」了國內無數「一張文憑吃一輩子，舒服一輩子」的就業現象。也造就了一大批思想僵化、頭腦簡單、知識單一、能力低下的「鐵飯碗」擁有者。

而今天當整個世界都進入資訊爆炸、知識爆炸時代的時候，如果一個企業和社會還依然用擁有多少博士、碩士、大學生來權衡自己的「競爭」水準，就必然導致企業競爭力的減弱和衰敗。

有資料表明，在先進發達的國家，每個員工都得花五十％甚至更多的時間來更新自己的技術，「學習、學習、再學習」。幾乎每一個員工都是各種崗位上的多面手。

如此，我們的大學畢業生，我們的就業應聘者，我們的員工，還有什麼理由躺在擁有「一技之長」就不愁沒人要的「床鋪」上做「就業一輩子」的春秋大夢呢？

道理很簡單，由於求職者僅有「一技」，在求職時可選擇職業的機會，必定會受到局限。倘若有「五技傍身」，那並不僅僅是面前可選擇的職業是「一技之長」的五倍，而且對於一個身懷「多技之長」的擇業者，誰能不刮目相看呢？因為他們屬於人才之列，任何一個用人單位，都不會放過人才的。

所以，人類社會中的強者，屬於那些掌握了眾多本領的人；而草原上的強者，屬於了那種掌握了多種生存技能的狼。

二十年前，某外國駐華使館曾在他們國家聘一位女性文秘人員來華在使館內工作。應聘的女性有幾千人，最終是一位並不太年輕的女士「擊敗」千名「對手」，來到了中國。她的優勢在哪裡？原來，她不僅是一位業務水準極高的文秘人員，她還具備園藝設計師、電氣維修師、汽車修理師、烹調師和高級水暖修理工等資質證書和操作技能證書。自她到使館任職之後，不但使館內的綠化環境有了大幅度的改善，而且電氣故障率迅速下降，她成了該使館內最受歡迎的人。

從這個實例不難看出，隨著現代社會的發展，光有「一技之長」，在擇業競爭中必定會處於劣勢或被動地位。在勞動力市場上勞動力供大於求的情況下，人們以「多技之長」讓自己處於優勢的主動地位，是大勢所趨。在「多技之長」尚處於方興未艾的階段時，正是向「多技之長」進軍的最佳時機。

## 競爭需要有強者的心理素質

草原上的頭狼，除了本身具有過硬的本領以外，另外一個重要的原因，就是頭狼具有良好的「心理素質」，它們敢於和獵人們鬥智鬥勇。也就是因為這個原因，人們才給狼性概括了一個「狡猾」。

具有競爭實力的人特別突出的特徵就是敢於行動，積極行動，絕不猶豫不決，就是那句歌詞：該出手時就出手。

競爭的本質就是優勝劣汰。競爭是實力的較量，實力強者得以保存和發展，實力弱者被淘汰和滅亡；競爭是智慧的較量，有才能者得到勝利，平庸愚劣者遭受失敗；競爭是意志的較量，意志堅強者能夠經受競爭風浪的考驗，意志薄弱者則會被競爭的大潮所嚇倒。

所以，參與社會競爭，首先就是要提高自己的心理素質，在心理上能夠適應社會的競爭機

制。那麼，競爭需要什麼樣的心理素質？我們需要從以下幾個方面注意培養自己的心理素質：

首先，你需要建立自己的優越感，要有良好的自我感覺，這是你參與競爭的前提，沒有這種感覺，你處處感到自己不如人，就無法與人競爭。

良好心態的重要性不言而喻，培養自己的優越感是形成良好心態的必要條件，它可以是語言方面的、能力方面的、專業方面的。換句話說，你必須要有自己的東西，不同於別人，能反映你個性的東西。例如，思維的方式、語言的特點……

其次，必須克服膽怯、害羞的心理，大膽表現自己，才能參與競爭，適應競爭。

你也許有這種經歷，在某個場合，你打算上台發表自己的看法或作個自我介紹，你在下面經過十多分鐘的心理掙扎，最終還是放棄了：在前方不遠處，有一個陌生人向你走來，你打算跟他（她）打個招呼或進行一次有效的溝通，當你離他（她）只有二米時，你偏離了航向——頭一低，從旁邊拐過去了。事後你可能一直在後悔。為什麼要害怕呢？

朋友，如果你上了台，即使沒有開口或講的很糟，我都會為你驕傲，你踏出了重要的一步，下次你的表現會更好！你就敢於正視對方的目光，這是自信的一種體現，是積極有效的溝通的前提。目光接觸是非語言交流當中表達資訊最多、最有效的方式之一，「眉目傳情」和「眼睛是心靈的窗戶」是對此最精闢的總結。而且這也是一種起碼的禮貌。在交談過程中如果對方東張西望、左顧右盼，朋友你會作何感想？

第三，給自己以挑戰，多經歷一些事情，就多一份勇氣和經驗，也就有了競爭的資本。以前你不敢想的，現在要敢想：以前你想了不敢做的，現在就去做吧！別想歪了，違法的事可千萬別幹。例如，獨自走一條從未走過的漆黑的小道或胡同。（女孩要注意安全）這是我大一暑期廣州之行的深刻體會：「我希望自己經歷更多。因為我相信能學到更多！」有很多東西，你必須親自經歷，要不然別人怎麼教你，你可能都不會，更不會理解那種感受。其實，人生不正因為經歷過才顯得更有意義嗎？

第四，廣泛的閱讀，豐富自己的思想，提高自己的思想品位，就會產生獨到的見識。這是增加你財富和「談資」（談話的資本）的最好的辦法，可以看一切你感興趣的書。可以是《李嘉誠自傳》、《方與圓》、錢鐘書先生的《圍城》，還有戴爾·卡耐基、奧里森·馬登、大衛·休謨等的著作以及各種期刊、雜誌、報紙。我想提醒的是，不要以為看了一本著作，你的思想就會有大的飛躍。不可能的，這當中有一個從量變到質變的過程，關鍵是學會思考，帶著問題閱讀，並將這些知識轉化為一種內在的、你自己的東西。

第五，敢於表達你自己的意見，努力凸現自己的個性，坦然面對現實問題。

如果我問你，你怎麼理解「人文」？你覺得上大學對你最大的影響是什麼？不要用「我不知道」來搪塞我，你要就你自己的意識、思維所認為的來回答（也就是你怎麼想就怎麼講）。那怕別人認為很怪異、荒唐、可笑。你要敢於表達自己的意見，畢竟這是你自己的思想，而這背後潛藏著的是巨大的勇氣。

每當你知道自己想做的事情時，就要利用生活提供的每一個機會立即行動！當你的大腦靈光一閃、有一種意識形成時，就要拿筆把它記下來，然後立刻去做。社會需要這樣的人，因為，你不管思想多麼有價值，最終不變為行動就等於不存在。

# 知進能退方為強者

狼是一種多疑的動物，有時候，獵人為了抓獲一隻狼，就布下誘餌，但是，狼卻不一定上當，當它覺察到危險的時候，哪怕它已經饑腸轆轆，它也不會貿然地過去品嘗「美味」。

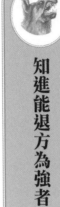

強者的生存法則，就要善於看准機會，把握機會，該退則退，該進就進，退步是進步的根本，我們現在常常喜歡說的一句話就是：退一步是為了進三步。其實在現實社會生活中，沒有人能夠一生中只進不退。退一步就是要有所捨棄，捨不得既得利益，就得不到更大的利益。所以，該捨時要捨，捨芝麻是為了抓西瓜。

有時候，當機會有損於長遠利益和發展的時候，就要捨得放棄。放棄是痛苦的，但是一定要這樣做。今天的放棄，正是為明天捕捉更大的機遇，得到更大的發展。比如教練李明珠培養

出了陳露這個花樣滑冰冠軍，出現過多次機遇的選擇。對於滑冰運動員來說，參加世界花樣滑冰錦標賽是難得的機會，可是在日本比賽時，李明珠教練卻下決心叫陳放棄了這次機會。

當時，在日本進行的世界錦標賽，原計劃陳露是要參加比賽的，而且已經到了日本。但是，當時她的腳傷得很重，每天的訓練都是靠打封閉針才能上場，預賽時要打三針封閉，預賽後傷情更加嚴重。當時很多人認為陳露此次有希望得冠軍，陳露自己也認為來日本就是為了拿冠軍，很想拼一下。可是，李教練不放心，親自帶她到日本的醫院去檢查。醫生說，千萬不要用強刺激手段來對付局部腳傷，這樣會落下病根，造成終身遺憾。

此時，她就面臨著一次機遇的抓與放的選擇。李明珠決定讓陳放棄這屆比賽，她的決定引起很大的反應，很多人反對她這樣做，連陳露也不甘心。但是，為了長遠打算，最終還是放棄了比賽，當國家体委同意這個意見時，她們兩人都哭了。事實證明，她們的選擇是正確的。當時，如果不放棄比賽，陳露有可能奪得冠軍，但是她的運動生涯也可能就此結束；而放棄的結果是，她拿冠軍推遲了一年，但是她的運動壽命卻得到了延長，得到了拿更多冠軍的機會。如此看來，不善於放棄也就不會選擇把握命運的人。

在商務談判中，如果雙方都堅持自己的意見，只進不退，只要獲得利益，不願付出代價，那麼，就無法達成協定。所以，智慧的做法就是適當作出讓步，退一步求其次，常常能夠獲得真正的合作，因而也就能夠達到自己的目的。懂得退一步海闊天空的道理，你就能夠在市場競爭中求得自己的生存，能夠站住腳，才能謀求以後的發展。

我們時常鑽進牛角尖而不知自拔，因而看不出新的解決方法。強者的秘訣是隨時檢視自己的選擇是否有偏差，合理地調整目標，放棄無謂的固執，輕鬆地走向成功。這才是一種聰明的選擇！

一個非常幹練的推銷員，他的年薪有六位數字。很少有人知道他原來是歷史系畢業的，而在幹推銷員之前還教過書。

這位成功的推銷員這樣回憶他前半生的道路：

事實上，我是個很沒趣味的老師。由於我的課很沉悶，學生個個都坐不住，所以，我講任何東西他們都聽不進去。我之所以是沒趣的老師，是因為我已厭煩了教書生涯，對此毫無興趣可言，但這種厭煩感卻在不知不覺中也影響到學生的情緒。最後，校方終於解聘了我，理由是我與學生無法溝通；其實，我是被校方免職的。當時，我非常氣憤，所以痛下決心，走出校園去闖一番事業。就這樣，我才找到推銷員這份自己勝任並且感覺愉快的工作。

真是「塞翁失馬，焉知非福。」如果我不被解聘，也就不會振作起來！基本上，我是很懶散的人，整天都病懨懨的。校方的解聘正好驚醒我的懶散之夢，因此，到現在為止，我還是很慶幸自己當時被人家解雇了。要是沒有這番挫折，我也不可能奮發圖強起來，而闖出今天這個局面。

堅持是一種良好的品性，但在有些事情上，過度的堅持，會導致更大的浪費。

歷史上，永動機就曾使很多人投入了畢生的精力，浪費了大量的人力物力。因此，在一些沒有勝算把握和科學根據的前提下，應該見好就收，知難而退。

有人認為：如果沒有成功的希望，而去屢屢試驗是愚蠢的、毫無益處的。

有的人失敗，不是沒有本事，而是定錯了目標。成功者為避免失敗，時刻檢查目標是否合乎實際，是不是切實可行，是不是符合主管的客觀的條件，是最主要的。這也是強者的生存法則。

## 強者總是能以奇招制勝

在草原上，狼雖然能夠相對準確地預測天氣的變化，但是，有道是「天有不測風雲」，狼也會遇到暴風雪。當狼群遇到暴風雪時，狼的選擇可以說是出人意料，它們不會選擇背風的地方，而是迎著風衝上去。雖然迎風衝上去寒冷異常，但狼卻不會被雪埋葬。

在競爭過程中要想生存，就要多用心思，多思考，找到一個與眾不同的思路，就能夠打開局面，獲得成功。

競爭需要智慧，也就是說只有打破傳統思維方式，改變思路，才能夠脫穎而出。「南轅北轍」是一則令人發笑的寓言，想往北去卻向南策馬，這哪能達到目的呢？然而在現實中，這類從相反方向上來達到自己的目的事例卻不少，這便是逆向思維。如果你能巧妙地運用逆向思

維，那麼你會感到成功離你更近一些。

有一所學校，每年都要舉行一次智力競賽。這一年，智力競賽又拉開了序幕。報名參加比賽的有幾百名學生，競爭非常激烈。終於，百裡挑一，全校選出了六名最聰明的學生，大家都等著看哪一位能獲得第一名。

校長把參加決賽的六名選手帶進了教學樓第一層，指著六間教室，又指指大門，說：「我現在把你們分別關在六間教室裡，門外有人把守。我看你們誰有辦法，只說一句話，就能讓門外的警衛把你放出來。不過有兩個條件：一、不准硬闖出門；二、即便放出來，也不能讓警衛跟著你。」

校長說完，微微一笑：「好了，孩子們，請吧！」

六位學生各自走進了一間教室，思考著如何用一句話，就能讓警衛叔叔放自己走出大門。然而，三個小時過去了，卻沒有一個人發出聲響。正在這時，有個學生很慚愧的低聲對警衛說：「警衛叔叔，這場比賽太難了，我不想參加這場競賽了，請您讓我出去吧。」

警衛聽了，打開了房門，讓他走了出來。看著這個臨陣退縮的小傢伙垂頭喪氣地走出了大門，警衛惋惜地搖搖頭。

然而走出大門的小傢伙隨即又回來了，他走到大廳裡，對校長說：「校長，您看，按您的要求，我辦到了！」

校長伸出手一把抱起了這個孩子，高興地說：「孩子，你是這次競賽的勝出者！你是最最聰明的！」

此例中的孩子運用了逆向思維，以退為進，很輕鬆地贏得了「最最聰明的孩子」的稱號。

英國倫敦的一條街道上，同時住著三家裁縫，手藝都不錯。可是，因為住得太近了，生意上的競爭非常激烈。為了搶生意，他們都想掛出一塊有吸引力的招牌來招攬客戶。

一天，一個裁縫在他的門前掛出一塊招牌，上面寫著這樣一句話：

全倫敦最好的裁縫！

另一個裁縫看到了這塊招牌，連忙也寫了一塊招牌，第二天也掛了出來，招牌上寫的是：

全英國最好的裁縫！

第三個裁縫眼看著兩位同行相繼掛出了這麼大氣的廣告招牌，搶了大部分的生意，心裡很是著急。這位裁縫為了招牌的事開始茶飯不思，「一個說倫敦最好的裁縫，另一個說全英國最好的裁縫，他們都大到這份上了，我能說世界最好的裁縫？這是不是有點兒太虛假了？」這時

放學的兒子回來了，問明父親發愁的原因後，告訴父親不妨寫上這樣幾個字。

第三天，第三個裁縫掛出了他的招牌，果然，這個裁縫從此生意興隆。

招牌上寫的是什麼呢？原來第三塊招牌上寫的口氣與前兩者相比很小很小：

本街最好的裁縫！

「本街」最好，那就是這三家中最好的。你看，聰明的第三家裁縫沒有再向大處誇自己的小店，而是運用了逆向思維，在選用廣告詞時選了在地域上比「全英國」、「倫敦」要小得多的「本街」一詞。這個小小的「本街」卻蓋過了大大的「倫敦」乃至「大大」的「全英國」。

在競爭過程中要想生存，就要多用心思，多思考，找到一個與眾不同的思路，就能夠打開局面，獲得成功。

## 頭狼也並非天生的

一般人都以為狼群中的頭狼都是身強力壯、體格龐大的狼，事實上不盡其然。有時候，頭狼並不是依靠自己強壯的體魄，而靠的是自己的智慧。而智慧，是狼在生存的過程中慢慢積累起來的。

自卑也能促使成功，令人難堪的種種因素往往可以成為發展自己的跳板，關鍵看你是否能夠從陷阱裡超越出來。

有些人可能會以為，成功者都是天生的，他們生下來上天賦予他的就是強者，而天性自卑的人不可能成為成功者，不可能成為強者。這實在是認識上的一個錯誤。

自卑感的產生，往往並非認識上的差異，而是人們感覺上的差異。其根源就是人們不喜歡用現實的標準或尺度來衡量自己，而是相信或假定自己應該達到某種標準或尺度。在這些的人

心中，他們總是在心裡想：「我應該如此這般」、「我應該像某種人一樣」……等等。但是，這種追求只會滋生出更多的煩惱，使自己更加壓抑和自卑。

實際上，你自己就是你自己，不必「像」別人，也無法「像」別人，更沒有人願意讓你「像」自己。因此，要想不被周圍的環境將自己打垮，走出自卑，就需要敢於面對挑戰，並張開雙臂去迎接它、戰勝它、超越它。這時候，你需要一種補償心理。

所謂補償心理，就是一種心理適應機制或者說機能。任何個體在適應社會的過程中總有一些偏差，為了克服這些偏差，於是人們從心理上尋找出路，力求得到補償。自卑感越強的人，尋求補償的願望就越是強烈。

從心理上看，這種補償，其實是一種「位移」或者「變位」，為克服自己生理上的缺陷和心理上的自卑感就成了許多成功者發展的動力，變成了他們超越自我的一種動力。而「生理缺陷」愈大的人，他們的自卑感也就愈強，同時，他們成功的本錢也就愈多。這一點已為許多成功人士的經歷所證實。

解放黑奴的美國總統林肯，為彌補自己早期的知識貧乏和孤陋寡聞，拼命自修，甚至在燭光、燈光、水光前讀書，知識的營養對他自身知識的缺乏作了全面的補償。貝多芬從小聽覺就有缺陷，直到耳朵全聾了還克服自卑寫出了優美的《第九交響曲》。

自卑感有使人前進的反彈力，又促使人發展的動力。由於自卑，人們會清楚甚至過分地意識到自己的不足，這就促使你努力糾正或者以別的成就或者自身的其他長處來彌補這些不足。這樣的經歷將使你的性格受到磨礪，而堅強的性格正是獲得成功的心理基礎。自卑能促使成功，令人難堪的種種因素往往可以作為發展自己的跳板。

所以，一個人的真正價值，首先取決於能否從自我的陷阱裡超越出來，而真正能夠解救你的這個人就是你自己，這也即我們常說的「上帝救自救者。」

要擺脫自己心理或生理上方面的缺陷而帶來的自卑感，就要善於尋找和運用別的東西來替代、彌補這種自卑意識。

在這一方面，歷史上最偉大的足球運動員、球王比利克服自卑的經歷，或許對我們會有所啟示。

當得知自己被巴西最著名的俱樂部桑托斯隊看中時，比利緊張得徹夜未眠，他翻來覆去地想著：「那些著名的球星們會笑話我嗎？萬一發生了那樣尷尬的事情，我還有臉回來見家人和朋友嗎？」甚至，他還無端猜測：「即使那些大球星們會願意和我踢球，也不過是想用他們絕

妙的球技，來反襯我的笨拙和愚昧。如果他們在球場上把我當成戲弄的對象，然後把我像白癡似的打發回家，我該怎麼辦？怎麼辦？」

一種前所未有的懷疑和恐懼使比利寢食難安，因為他缺乏自信。儘管他是同齡人中的佼佼者，但憂慮和自卑，卻使他情願沉浸於幻想的世界，而不敢真正邁近渴望已久的現實之中。

比利終於身不由己地來到了桑托斯隊，那種緊張和恐懼的心情，簡直無法形容。

「正式練球開始了，我已嚇得幾乎快要癱瘓。」比利後來說。

比利就是這樣走進了一支著名的俱樂部。原以為剛進球隊只不過練練盤球、傳球什麼的，然後就去長時間地做「板凳隊員」，誰知第一次教練就讓他上場，還讓他踢主力中鋒。

緊張的比利半天都沒回過神來，雙腿好像長在了別人身上，每次球滾到他的身邊，他都好像看見別人的拳頭向他打來。在這樣的情況下，他幾乎是被別人逼著上場的。但是，當他邁開了雙腿後，便不顧一切地在場上奔跑起來，也漸漸忘了是和誰在一起踢球，甚至忘記了自己的存在，只是習慣地接球、傳球和盤球。在快要結束時，他已經徹底忘記了桑托斯隊，而以為是在故鄉的球場練球了。

那些使比利深感畏懼的足球明星們，並沒有一個人輕視他，對他都非常友善。如果比利的自信心稍微強一些，也不至於受到那麼多的精神熬煎。問題是他的自卑使他一心只顧慮到別人會怎麼看他，而且是以一種極為苛刻的標準作為衡量的尺度。

而透過他忘卻自我，專注於足球本身，就保持了一種泰然自若的心態。這也正是比利戰勝自卑的心理法寶。

強者都不是天生的，強者也會有軟弱的時候，強者之所以是強者，正在於他善於戰勝自己的軟弱。

# 全力以赴才能成為頭狼

狼的世界競爭十分激烈，尤其是頭狼的位置之爭，更是到了你死我活的地步。每年，到了母狼的發情季節，也就到了頭狼狼位的爭奪季節。無論是享受住自己固有位置的老頭狼，還是想篡奪狼位的新手，都必須全力以赴，才能打贏這場戰爭。

有了人生的目標，然後全力以赴地去努力，去奮鬥，去實現。人生的樂趣就在這全力以赴的奮鬥過程中。

前面我們說過，對於一個人來說，過去或現在的情況並不重要，將來想要獲得什麼成就才最重要，除非你對自己的未來沒有任何設想。

有了人生目標，並全力以赴地去努力、去經營、去實現，只有我們人類能夠做到這一點。

據史料記載，二戰期間，德國法西斯在奧斯維辛集中營關押了大量的同盟國戰俘和老百姓。在集中營，這些人過著非人的生活，每時每刻他們都有可能去和死神相伴，時刻掙扎在死亡線上，幾乎可以斷言的是他們沒有活著走出集中營的可能。但是，仍有一些人憑著自己頑強的信念，掙扎著活到了德國宣佈投降的那一刻。然而可惜的是，在聽到納粹投降、德國戰敗、「我們獲救了」的消息之後，他們竟然一個個相繼死去。

這些被法西斯俘獲的戰俘和老百姓，他們能夠在那麼艱難的環境下頑強地活著，為什麼竟在將要獲救的時候死去。因為對於他們來說，納粹投降，目標實現了；但同時，他們的目標也消失了。目標消失了，信念沒有了，人生還有什麼意義呢？

當我們乘著人生之船駛入大海洋時，我們的前方，都應有一個目的地，一個停靠的碼頭，否則，即使是一艘十萬噸的豪華客輪，也只能在茫茫的海洋上徘徊不前。與此相反，只要我們有了人生的人生目標，即使我們只有一隻小舢板，也完全有可能達到人生成功的彼岸。

我們很多人可能都知道《為學》中那個僅憑著自己的一雙腳、一隻缽就去了佛家聖地—南海的小和尚。他所以成功，就是因為他的心中有信念、有目的，並全力以赴地努力去實現它。

「塑膠大王」塑膠企業首腦王永慶是台灣的巨富之一。他所經營的塑膠、纖維和合板等行業共有十多家分公司，資產總值二十多億美元。但是多年以前，王永慶不過是一家米店的小工，家貧如洗。

王永慶是如何成功的呢？

一次，在美國華盛頓企業學院演講時，王永慶談到了他一生坎坷的經歷。他說：

「先天環境的好壞，並不足奇，成功的關鍵完全在於一己之努力。」

一五歲時，王永慶小學畢業被迫輟學，一個人背井離鄉，來到台灣南部的一家米店做小工。聰明的他每天在完成送米的工作外，還悄悄地觀察老闆怎樣經營米店，學習做生意的本領。第二年，十六歲的王永慶請求父親幫他借了二百元作本錢，自己在嘉義開了一家小米店。

初初開始經營時困難重重，因為附近的居民都有固定的米店供應，王永慶只好一家一家去走訪，好不容易才爭取到幾家住戶同意試用他的米。王永慶知道，如果服務品質比不上別人，自己的米店肯定會關門。於是，他全力以赴，在「勤」字上下功夫。

他把米中的雜物一粒一粒揀乾淨，有時為了一分錢的利潤寧願深夜冒雨把米送到用戶家中。他的服務態度使用戶非常滿意，主動替他宣傳，介紹新的客戶。接著，王永慶為了改善純粹賣米的困境，自己開設了一個碾米廠。當時他的隔壁也有一個碾米廠，而且條件比他的碾米廠要優越許多。為了同這家碾米廠競爭，他每天工作十六、七個小時，業務上終於勝過了那家碾米廠。

到了二十個世紀五十年代中期，王永慶已經成為富甲一方的大商人，但他仍不滿足，仍在全力以赴地奮鬥著。他看到燒鹼生產過程中有百分之七十的氯氣棄而不用，為之可惜，就打算廢物利用，於是便籌集了五十多萬美元，創建了台灣第一個塑膠公司。

塑膠這一行業對王永慶來說是完全陌生的，當時有一個化學家還譏笑他肯定會破產。王永慶認定了就絕不放棄，他發誓要把塑膠事業成功。當時日本生產的塑膠粉充斥台灣市場，品質好價格低，台灣生產的塑膠產品很難與之匹敵。這時候，一些股東們心灰意冷，紛紛要求退股，台塑面臨著夭折的危險。但這時候，王永慶毫不退縮，他變賣了自己的所有產業，毅然購買了台塑膠的所有產權，獨立經營。

王永慶分析了台塑公司不景氣的原因除日本產品的競爭外，還由於台灣地區所需量極為有限，而「台塑」產品則明顯供過於求。面對困境，王永慶果斷決定繼續增加生產，他認為大量增產可壓低生產成本及售價以便吸引更多的國內外客戶。

在增加產量的基礎上，王永慶籌集資金七十萬美元更新設備，改造生產技術。經過全力以赴、艱苦卓絕的努力，王永慶終於如願以償，達到了增加產量、提高品質、降低售價的目的，逐漸打開了島內外市場。

台塑公司之所以成為台灣最大的民間綜合性企業，根本原因在於其首腦王永慶奮鬥不懈全力以赴，一步也不放鬆，一點也不偷懶。

王永慶後來說：「管理合理化的過程是艱難的、緩慢的，但效果卻是根本的、無限的。要懂得這些道理並不難，問題是人的惰性往往在不知不覺中引導著追求舒服的、易行的經營方式；又由於惰性使然，在因循苟且之間存在天真的幻想，耽於表面的功夫，這種心智的障阻比科技的落後更可怕、更無可救藥。」

當時，王永慶看出企業發展到一定規模後由於人多事雜，單靠人力來管理控制是不夠的，必須依靠組織的力量來推動，依靠制度的力量來管理。王永慶特別強調說：「企業的經營者應摒棄一些惰性與雜念，從本身開始，痛下一番心理建設的功夫，踏實地從艱難的、根本的、比較乏味的管理問題著手，逐步引導其企業走向合理化經營的坦途，捨此而外別無他路。」

為了使台塑企業合理化經營，王永慶在集團成立了「經營管理委員會」，探討如何改進各公司經營問題以及如何培養和使用人才、實行分層負責制的問題。

王永慶的全力以赴終於有了收穫，台塑公司每年營業額超過了一億美元。同時，隨著電腦的逐漸普及，王永慶又同美國惠普科技公司合作創建電腦軟體公司，向資訊產業進軍。

對於一個奮鬥者來說，全力以赴才能成為強者！

## 站在頭狼的位置上思考

頭狼不是天生的，也不是世襲的，是在嚴酷的生存環境下逐漸成長起來的。

頭狼意味著特權，比如說與母狼的交配權、優先進食權等，但頭狼也意味著責任，所以，頭狼比普通狼更需要懂得生存智慧，而這些智慧，都是在生存中培養起來的。

一個人要成為強者，必須得到別人的支援和幫助，還需要別人的配合，而要想得到別人的支援、合作，你必須有相當的管理才能和卓越的領導才能。

沒有人天生是領袖，沒有人天生就具有出色的管理才能。領袖的素質和管理才能是通過後天的努力和學習學來的，它是可以通過培養獲得的。就如同草原上的頭狼，其智慧和才能也是通過生存學習、培養而來。

一個人事業的發展，與他的「領袖氣質」與出色的管理能力是不能分開的，它們如影相隨。因為這種素質和能力能夠使你做出你本來不會做或無法做的事情。

那麼，究竟怎樣培養我們的領導才能和管理才能呢？也就是說，如何使別人樂於和我們合作，支持與幫助我們的發展呢？

要做到這一點，你必須成為一個受別人歡迎的人。

要讓自己成為一個受歡迎的人，一味地取悅別人並不是最好的方法，關鍵是要培養你的特質。

下面這幾種方面可以使我們儘快地培養起自己的領導才能：

⊙ 跟那些你想去影響的人們交換意見。這是使別人比如你的同事、朋友、顧客、員工依照「你所希望的那種方式」去做的秘方。具體的做法是：

⊙ 要考慮並且體諒別人的處境。換句話說，就是你要設身處地地為別人著想。別人的興趣、收入、智慧與背景等等，都跟你大不相同。

⊙ 接下來你可以問自己：「如果我是他，這件事情應該怎樣做才好呢？」

⊙ 然後就要實行「如果我是別人，別人會讓我怎麼做」的那種行動。

⊙考慮問題盡可能地周到，處理事情的時候要多思考還有哪些不符合人性的地方。人人都用自己的方法來領導別人，但是總有一種最好的、最理想的符合人性的方法。

下面這兩種方法是使用「人性化管理」方式使你成為更好的領導人的具體方法：

⊙遇到跟人事有關的難題時，要及時地問自己：「處理這件事最合乎人性的方法是哪一種？」

⊙把別人都看得很重要，而且是真心實意的。要時常關心下屬的業餘生活，時常想到，一個人活著的最主要的目的，其實就是享受生活。這是一個很普通的原則：你越是關心一個人，他就越是會努力地為你工作，為你服務，你的成就也就越大。

儘量追求進步。相信自己和別人還可以進步，更要推動幫助進步的行動。在每一個行業中只有精益求精的人才能夠不斷地升遷。領導人，尤其是真正的領導人非常缺乏，而安於現狀的人認為每一件事情都很正常才需要再去改進的人比那些激進人士認為有待改善的地方更多，想些辦法可以做得更好更多。為了使你始終保持旺盛的上進心，有兩件事情是你必須要做的：

每一件事情都要研究如何改善。

每一件事情都要訂出更高的標準。

騰出一點時間和自己交談、商量或從事有益的思考。領導人物都特別地忙碌，事實上也是如此，他們真的很忙，但是我們常人常常忽略的一點是，領導人物每天都要花許多時間來單獨思考。無法忍受孤獨的人，竭力使自己的大腦中一片空白，他們儘量避免動腦筋，在心理上自己已經被自己的思想嚇壞了。這些人會隨著歲月的流逝而變得心胸狹窄，眼光日益短淺，行為也會變得幼稚可笑，當然不會有堅忍不拔、沉著穩健的作風。忽略了自己大腦的思考能力的人不可能成為一個出色的管理者和領導者。

領導階層和管理階層最主要的工作就是思考，邁向領導之路的最佳準備也是思考。因此，希望你每天都能抽出一定的時間練習合理的單獨思考，並且往往朝著成功的方向去思考。久而久之，你就會發現，你自己已經培養起了你的領導氣質，你的管理者的才能。

這時候，你距離強者就越來越近了！

## 強者需要破釜沉舟的精神

在草原上，一些膽大妄為的狼有破釜沉舟的精神。它們明明看見了獵人與馬，但它們並不逃跑，而是非常精確地計算人馬的距離，爭分奪秒，搶到一口是一口，能吃多少就吃多少。有時候，為了生存，就必須有這種破釜沉舟的精神。

勇氣是上帝給的，機會卻要靠你自己去把握！

我們常說不要將自己置於懸崖邊上，給自己要留條後路，但有時候，人要有一點破釜沉舟的精神。

在生活中，經常能夠聽到別人這樣告誡自己：不要把話說得太滿，要給自己留條後路，等等。這無疑是正確的，因為世界上沒有絕對的事物，事物在未有結果以前，所有的可能都是存在的。

正如，我們給別人做某種承諾時，就不能將話說得太滿，否則，當不利於你承諾的可能性成為現實時，我們自己便沒有了一點迴旋的餘地，反而會給人一個我們不誠實的不良印象。

但是，當千載難逢的機會降臨到我們面前的時候，當某件事情的發展到了一個生死攸關的關鍵時刻，人需要有一點破釜沉舟、置之死地而後生的精神。

項羽當年引兵渡河，讓手下的士兵只帶了三天的糧食，而且砸碎了所有的行軍炊具，意在表示不成功絕不後退的決心。項羽的這種力拚精神，無疑也鼓舞激勵了他的士兵，結果他們取得了勝利。

可能你會說，「破釜沉舟」只是一個故事，我們今天不會遇到那樣的情景。

這話你也不要說得太滿，說得太絕。商場如戰場，有時候一樁生意，有可能就因為你缺少了一種畢其功於一役的勁頭而告失敗。

我們的人生又何嘗不是如此呢？

一位早期的中國留學生剛到澳大利亞的時候，為了找一份能餬口的工作，騎著一輛破自行

車沿著環澳公路走了數日。在這期間，他替人割草、放羊、收莊稼、刷盤子，只要有人能給口飯吃，他就會暫時停下他那疲憊的腳步。

有一天，正在唐人街一家餐館刷盤子的他，偶然在報紙上看到了一條澳洲電訊公司的招聘啟事。他擔心自己的英語不地道、專業不對口，就選擇了線路監督的職位去應聘。過五關斬六將，眼看著就要得到那年薪三萬五千澳元的職位了，不想，招聘主管卻問了他一個出人意料的問題：「你有車嗎，會開車嗎？這份工作時常要外出，沒有車寸步難行。」初來乍到，餬口都成問題，能有車嗎？但為了得到那個極具誘惑力的職位，他不假思索地回答：「有！也會開！」

「那麼，三天以後你開著車來上班吧！」主管說。

幾乎身無分文的他三天要買車、學會開車這談何容易，但為了生存，這位留學生向他的一個朋友借了五百澳元，在舊貨市場上買回了一輛舊的不能再舊的「金龜車」。

第一天，他看著朋友開車；

第二天，他自己顫抖著雙手在草地上歪歪扭扭地開車；

第三天，他開著那輛老爺車、左右搖晃著去上班了。

如今，這位中國留學生已經是那家電訊公司的業務主管了。

我們不清楚這位留學生的專業水準，但我們不得不佩服他的膽識。

這位留學生當初在應聘時如果稍一猶豫，不拿出一點置之死地而後生的破釜沉舟的勁，不把自己置於懸崖邊上，說不定至今仍在哪家餐館刷著盤子，或者給哪個農場主剪著羊毛。

正是因為面臨這種無退路的境地，人才能集中精神奮勇向前，才能最大程度地調動自己的潛能，從生活中爭得屬於自己的位置。

很多企業家在經營過程中都敢於用一時的損失和痛苦換來巨大的市場和利益，明知不可為而為之，靠的就是比別人看得更寬，想的更全面、更深遠，思維更具有深度。也就是說，他們靠置之死地而獲勝的勇氣而制勝。

在許多重要的場合，大家都能看到某個項目的損失，往往採取短期行為。那麼，在這樣的場合，勝利大多歸屬於甘於吃虧、善於吃虧的企業家。因為，這種明知不可為而為之和甘於吃虧其實就是一種就是一種破釜沉舟的做法。

該爭的絕對要爭，不該爭的絕對不爭，該吃虧的就要敢廠吃虧，該破釜沉舟的時候就要破釜沉舟，否則，就有可能錯失無數次機會。

將自己置身於懸崖上的破釜沉舟的精神，從某種意義上說，是給了自己一個向生命的高地衝鋒的機會，給了自己一個成為強者的機會。

# 第二篇

# 相信自己天生是一隻頭狼

——獨立謀劃，建設團隊

## 能在孤獨中享受寂寞、寧靜

狼一般情況下都過著一種群居生活，但是，在草原上，在曠野中，我們也能見到獨狼。而且，有經驗的獵人都知道，獨狼比群狼更可怕，因為獨狼的戰鬥力更強。

一個人越是不同凡俗就越偉大，也越孤獨。孤獨是他更加深刻、更加明智地觀察生活的高度。

也許是因為我們人類的孕育過程是孤獨的，要獨自在母體中進行孤獨的預演，而不像群生的浮游生物那樣，從生命形成的一剎那，就生活在一個群體中，處於一種「社會化」的狀態，因此，伴隨我們人生的，除了「社會」之外，也還有孤獨。這種深層次的孤獨促使著我們在生活中要有適當「孤獨」，一個人獨處。

一個人適當地獨處，對我們的人生，不但沒有壞處，而且對於涵養一個人的沉思氣質和培養一個人獨立思考的能力、習慣，都有很大的好處。

人是社會的人，需要在一定的群體裡才能健康成長。但是，不知道你是否留意，嬰幼兒是很喜歡一個人玩耍的，即使有家長或別的孩子在場，他也很少顧及。這或許是孩子在母體中獨處的一種記憶吧！老人不喜歡孤獨，但卻喜歡獨處，像是對母體中獨處的一種美好回憶。在生命的起點和終點，我們都表現出一種生命本原的色彩。這不能不說是個很有趣的現象。

我們所以說「適當的孤獨」，為的是和諸如幼年喪母、中年喪妻、老年喪子以及由於各種各樣的原因而被拋出人群的煢煢孑立的孤獨相區別，後一種孤獨對人生只有壞處絕無益處。「適當的孤獨」，是人生某種獨特價值的秘密陣地，是容納難以擺脫的情感的舞台。

這種孤獨，在繁瑣的世界中尋找簡練，在鬧市中尋找靜區，在世俗的衝擊中尋找脫俗，在違心的隨俗中尋找自潔，在不平的人生遭際中尋找平靜。可以說，適當的孤獨是我們人生的一種修練。

適當的獨處，不是陷入某種所謂的境界中而無力自拔，無力自拔不是一種人生境界，而是對人類理性的棄絕，對「紅塵」的厭惡。適當的孤獨，是對人生愛極的表現，是推動人類文明、修練我們人生的一種內驅力。

試想一下，在勞碌了一段時間後，避開紛雜的人事，在某個安靜祥和的環境中，一個人靜靜地呆著，什麼都可以想，什麼也可以不想；不想說的話不說，不想做的事不做，不想見的人不見；沒有人世間的爾虞我詐，只有一個人的世界。這，是不是一種境界？

在你適當的獨處的這段時間裡，你可以好好審視一下你過去的人生，也可以好好設計一下你未來的人生；你可以想想自己過去的人生中，哪些人、事、物給你留下了美好的感情，又有哪些人、事、物讓你不堪回首；你也可以像世間所有的傑出人物一樣，熱情奔騰地面對生活，同時又同自己的心靈悄悄對話。

當然，你不會忘記，你「適當的獨處」並不是目的，不是為了遠離人間，恰恰相反，適當的獨處是為了更好地同世間的人同歌共舞，是為了在人間更高更遠的騰飛。也就是說，適當孤獨是為了日後更遠大的發展。

對事業的執著追求一是表現為實踐上的不間斷。事業上的成功需要人們堅持不懈地追求，沒有耐心和恒心，就很難在事業上取得成功。而且，追求事業的成功也是很孤獨的。

然而，對事業的執著追求並不是僅僅表現在時間上，還表現為人們在追求事業過程中遇到

挫折時的態度。事業成功是要經歷一個長期過程的，在這個時期，人們很可能會受到來自外界環境的各個方面的干擾。

能不能排除這些干擾，矢志不渝地追求事業，也體現了對事業的態度執著與否。在排除外界干擾、孤獨地執著於事業這方面，台灣女作家三毛堪稱表率。

三毛的一生，可謂多災多難。各種各樣的挫折形成一種強大的壓力，抑制著這位天分極高的女作家的發展。然而，三毛憑著她的勇氣和毅力，一次又一次地戰勝了挫折，排除了大量的外界干擾，也甘於孤獨，成就了自己的事業。

一九七六年對於三毛來說是個運氣不佳的年份。先是在年初，三毛遭遇了一場車禍，為此花費了一筆可觀的醫療費，此後她的健康狀況一直下滑。三毛患有子宮內膜異位引起的卵巢瘤，她稱之為「情緒性大出血」，在這一時期也屢屢發作。

可是，屋漏又逢連陰雨，丈夫荷西此時失業。找不到工作。家庭經濟陷入窘境。他們分期貸款的房貸又一日緊似一日，小倆口沒有辦法，只有每天吃一頓飯，從牙縫裡省錢。

荷西的求職信，匆匆地寄住世界各大公司，儘管他持有一級職業潛水執照，是名優良的潛水工程師。可是時運不濟，他的希望每次都像肥皂泡一樣落空。

最後三毛只得轉向回台灣求援，她寫了一封信給蔣經國，說荷西是中國女婿，想在台灣找一份工作，待遇不計。蔣經國回信道歉，稱台灣暫無荷西合適的工作，夫婦倆沒有辦法，只得在每天清晨，到海邊打魚，來填飽肚子。

就是在這種艱難的條件下，三毛也沒有忘記寫作，相反，她更加勤奮了。因為她的事業此時不僅僅是一種目標，還是她的謀生手段。就是在這一年，她的名著《撒哈拉的故事》和《雨季不再來》結集出版，其中《撒哈拉的故事》轟動文壇，極為暢銷，三毛從此一舉成名。

一九七九年三毛的丈夫荷西不幸喪生後，三毛曾經停止過文學創作。因為荷西喪生對她的打擊太大，她需要時間一個人來撫慰受傷的心靈。

可是，停止文學創作並不是說三毛放棄了她的事業。她開始到世界各地旅遊，一是為排遣心中的鬱悶，一是為以後的創作收集素材。

經過一段時間的醞釀，她的作品集《夢裡花落知多少》於一九八一年問世，一九八二年又出版了遊記作品集《萬水千山走遍》。三毛完全擺脫了丈夫去世的陰影，再次回到了她的事業上。

丈夫的早逝可以說是對三毛最大的外界干擾，這件事曾使她產生自殺的想法。然而，經過

一段時間的調整，三毛終於擺脫了這種干擾，走上了正軌，又開始了對事業的追求。這一點不正是我們應該學習的嗎？

所以，如果你想更客觀、更真實地觀覽人生，觀覽人世，審視自我，為你人生的再度昇華提供食糧，你可以暫時地拉開一段與「塵世」的距離，去適當地獨處一陣。你會發現自己飛得會更高！

## 團隊是成功者生存的需要

狼所以是草原上的強者，原因在於，狼總是想著別的狼，別的狼也想著它，狼群才抱成團。狼群抱成團，打起仗來才厲害。有時候，頭狼的一聲嗥叫，能召集來幾百隻狼。

人是群體的動物，離開了群體，人就不能健康成長，也就難以生存。現代青年要適應社會和認識社會最好的方法就是走向某個社會群體，使自己社會化，承擔社會責任，就意味著使自己成為一個社會的真正的公民，使自己與社會相融合，以社會的責任為己作，以社會發展的目標為個人努力的目標。

群居是人類的特性，現代人同樣離不開群體，而且群體的組織形式越來越發達，除家庭，社區外，還有學校，工廠、商店、軍隊、政府部門等等具有嚴密組織的社會群體，以及協會、俱樂部、旅遊團等等非正式的社會群體。人無法離開群體而生存，魯濱遜的故事告訴現代人，人類必須依賴相互間勞動成果的交換而存在。隨著分工的越來越細，現代社會作為功能交換的體系越來越發達。個人對群體的依賴雖然如舊，但個人對群體的選擇性卻越來越強，通過對群體的選擇和確定，個人不斷發掘自己的潛力，發揮自己的才能。

但是，許多青年人由於家庭教育或者學校教育的缺陷，形成封閉性性格，不與外界來往，獨自與世隔絕，逐漸喪失了生存的勇氣和信念。同時，由於網路世界的開放，很多年輕人沉迷於這種虛幻的世界，一個人在這個虛幻的世界裡自由馳騁，逐漸脫離了人群，成為現代社會生活中的異類。這種情況說明了，人是群體的動物，離開了群體，人就不能健康成長，也就難以生存。

在這一點上人非常像狼，狼剛生下來的時候，沒有一點抵禦外界天地的力量，只有將自己置於一個群體中，狼才能生存下來。

所以，現代青年要適應社會和認識社會最好的方法就是走向某個社會群體，使自己社會化，承擔社會責任，就意味著使自己成為一個社會的真正的公民，使自己與社會相融合，以社會的責任為己作，以社會發展的目標為個人努力的目標。譬如，青年人應該參加共青團，在這個群體中，你就會有意識地發展自己的才能，打下在社會中生存的基礎。

樹立公民意識，一個人如果把自己作為一個公民看，就意味著他把自己融入了這個社會的群體之中。群體中的每一個人都要承擔一定的責任，當然，並不是說沒有良好地適應社會、承擔起應盡的社會責任的人就不叫公民，但這只是年齡加法律意義的公民。在這裡，我們並不關心一個人是不是一個公民，而是關心他是否與社會相適應，也就是，是否是公民化的。遺憾的是，確實有不少青年對社會的適應是不良的或不完善的，也就是說沒有完成其公民化，或是這一過程有所偏差。

青年人想要「公民化」，適應社會，則需要勇敢地獨立出來，丟開家庭的溫暖呵護或束縛，參予參加社會，用自己的思維來思考分析社會，作出判斷一般來講，我們可以通過以下方式瞭解社會並走向社會。

首先，在群體之中要學會和各種人交往，這是群體生活的必然要求，因為群體就意味著交往，不會交往，就不能適應群體生活。

因為無數個體差異以及相互之間的複雜錯綜的關係形成和建立起了豐富多彩的社會、瞭解社會、就需瞭解個體，適應社會，就是要學會怎樣同各種人打交道。

有些年輕人為什麼會在沒有走上社會之前缺乏對社會的瞭解，就是因為他們的交往關係過於簡單，交往範圍狹窄。他們交往的範圍除了家裡的親人和親戚以外，也只能是同年齡的小夥伴和同學。親人和親戚對自己往往充滿關心和愛護，展現給自己的是美好和善良的一面，他們遷就自己，沒有給自己造成各種困難以考驗和鍛鍊自己，加上中國人傳統的觀念，總把「孩子」視為「孩子」，只要沒走出家門，沒有嫁娶，就沒有給予其對社會事務的平等參予權。家長往往以「小孩子」不懂事理為由，拒絕其對社會活動或所謂的成人事務的參與。由於人為的限制，阻礙了青年人對社會的瞭解。

現代的社會文明開放，高度發展，充滿競爭壓力，青年不能也不可以在封閉環境下成長了，花房裡的花是經不起風吹雨打。並且現代的青年人自我意識很強，充滿了對瞭解社會的渴望，追求獨立和自主。我們的交往視野擴大了，範圍更寬了，可以有很多機會同各種人交往，使我們迅速成熟走來，增強對社會的全面認識，因為每個個人往往反映了社會的一點滴。我們應學會同各種人打交道，從中體會人生和社會。

其次，廣泛參加社會活動，培養群體意識。

社會活動一方面給我們提供了鍛鍊和發揮自己能力的機會，另一方面幫助我們認識了社會的複雜，對我們現有的觀念形成強烈的衝擊。對於我們青年人來說，其實參加社會活動的機會很多。既有家長、學校或政府的安排，也可以自願參加。

所謂社會活動，就是群體活動，多參加不同的社會活動，就可以使我們全面認識社會生活，提高生存本領，適應社會的發展。

第三，把自己的生命融進群體之中去，與大家同享福共患難。現代社會生活中，每個個體都會遇到自己難以解決的困難。這時候，只要你向群體坦露自己的心思，就會得到群體的幫助。相信群體組織，積極參與群體組織，這是強者的生存法則。

# 領袖必須了解並善用他人的長處

狼在進行大規模捕獵的時候，狼群中會有嚴格詳細的分工；誰去放哨，誰去佯攻，誰去包抄，誰才是真正的獵手；而且，這些分工都是非常合理，適合每一匹狼的特點的。

在奮鬥的過程中，發現人才只是為利用人才提供了一個前提，而能不能利用好每一位人才，在個人追求成功的道路上又有著更重要的意義。

常言道：「有奇才者必有怪癖。」這句話雖然有些偏頗，但卻揭示了一個事實，有些人才往往有與眾不同的思維、性格、愛好。而以對待常人的態度來對待這些人才是不行的，對這些人才應該為他們創造自由發展的機會，更為重要的是成功者要有容人之量，這樣不僅可以充分發揮出人才的作用，還能夠吸引更多的人才加盟到自己的陣營，為取得更大的成功創造條件。

從剛剛懂事起，我們其實就已經開始成為社會的人，成為社會的人的一個明顯的標誌就是要與人相處，與人合作。

我們人生學習的第一課，實際上也就是和別人相處。最初，和我們相處的是我們的父母；之後，有托兒所、幼稚園的阿姨和小朋友；再後，又有從小學到大學期間的老師和同學；等到我們走上了社會，我們的交際範圍進一步擴大，各式各樣的人物走進了我們的生活，和我們打交道，有些會成為我們一生的朋友、知己、伴侶。

除了和我們朝夕相處的生活伴侶，和我們打交道最多的，還是我們工作上的同事，生意上的夥伴，我們的下屬，這些人其實都是我們的合作者。

我們的合作者，我們的下屬，有些也會成為我們人生的朋友，而有些則只是合作者、只是下屬而已，只有工作上的關係或者生意上的關係，不會有多少情感上的投入。

如何和合作者、和自己的下屬相處，看起來似乎是一個很簡單的問題，但在實際生活和工作中，並非如我們想像的這般簡單，其中也有許多人陷入了求全責備的誤區。

更重要的一點是，如果你對合作者求全責備的時候，你也該想想，你也不是完人，也並非十全十美。如果你的合作者，你的下屬是十全十美的完人，他們會不會和你成為合作者，成為

你的下屬？更何況，國與國、黨與黨之間尚可以進行「求同存異」的合作，現在不過是從事某項工作或做一筆生意麼。這個時候，你要想到你與合作者只是「有限合作」。

所謂「有限合作」，是指社會成員之間在某一方面、某種程度的合作。如，對某項學術問題的共同興趣，某項技術的合作開發，以及生意上的買賣雙方等等。為了實現這種「有限合作」，我們就可以不計其他方面的好惡，甚至包括政治、信仰等等；甚至，即使你的合作者、你的下屬「一半是天使，一半是魔鬼」也不要緊，因為你完全可以和那「一半天使」同遊天堂，而不要去管那「一半魔鬼」是不是要下地獄。

而與此相關聯的是，我們的輿論在這一問題上，也不應該用「人以群分，物以類聚」的老觀念，而應該去挖掘其中新的內涵。這也即是所謂的「人盡其才」吧！

幾千年前，孔老夫子就曾語重心長教導我們說：「三人行，則必有我師焉。擇其善者而從之，其不善而改之。」看來，孔夫子比我們一些現代人更懂得對合作者、對自己的下屬不能求全責備的道理，比我們一些現代人更「現代」。

美國的約伯和沃茲是「蘋果—II」微電腦的開發者，他們的一個重要的合作者是馬克庫拉。其實，最初光顧約伯和沃滋兩位年輕人的並不是馬克庫拉，而是約伯的老闆介紹來的一個名叫唐・瓦爾丁的人。

當唐・瓦爾丁來到約伯的家中，看見約伯穿著牛仔褲，散著鞋帶，留著披肩長髮，蓄著胡志明式的大鬍子，不管怎樣看都不像是一位企業家。於是，唐・瓦爾丁覺得不是很妥當，因為約伯和沃滋的外表將這位先生給嚇壞了，他終於沒有敢問津這兩位奇怪的年輕人的事業，而是把約伯和沃滋介紹給了另一位風險投資家馬克庫拉先生。

馬可庫拉原來是英代爾公司的前市場部經理，對微電腦十分精通，他先考察了約伯和沃滋的「蘋果」樣機，最後，馬克庫拉問起了關於「蘋果」電腦的商業計畫，但因為約伯和沃滋對商業買賣一竅不通，兩人竟然面面相覷，說不出任何話來。但馬克庫拉並沒有因此失望，而是決定和這兩位年青人合作，並出任董事長。

唐・瓦爾丁，一個因為和一個偉大的公司、偉大的創業擦肩而過而被人們熟知的一個人，他很可能是一個很好的人，但就是因為約伯和沃滋的外表將他給嚇壞了，他因為求全責備而喪失了有可能是他一生中最重要的一次機會。而馬克庫拉卻與他相反，沒有對約伯和沃滋求全責備，而是與他們進行了深度的合作，所以他成功了，他抓住了他自己人生中的一次最重要的機會。

所以，在我們的人生中，在我們發展事業的過程中，我們可能會遇到各式各樣的人物，有許多人肯定和我們不是同一類人，無論是志趣還是性格都與我們不合，甚至與我們格格不入，但這些都不要緊，要緊的是他對我們的事業發展是不是有用。在這時候，求全責備不是強者的生存法則。

## 你的團隊將是你最大的資產

在草原上，有時候狼群會一次捕殺成百上千隻黃羊，它們自然不是為了好玩，也不是為了抖威風，它們是為了給狼群裡那些老弱病殘留食。狼群為什麼能成為草原的霸主，就是因為狼群能夠合作無間。

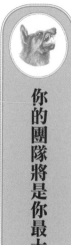

良好人際關係的主要目標是以積極的有預見性的方法，有效地激勵和影響他人，最大限度地開發人的潛能，使每個人都能做出最適宜的行為表現，並且在這一過程中體驗到積極的情感，從而使他們在自尊自信的心情下實現各自的理想。

在這個世界上沒有人能獨自成功，你或多或少地都需要他人的幫助。而自珍自重感情的需要是每個人居於核心地位的驅動力。聰明機智的父母、教師和經理們都懂得如何使人建立起自珍自重的情感，以使他們能夠成功地達到預期的目的，所以在與他人相處的時候，尊重他人，

有助於你取得成功。

良好人際關係的主要目標是以積極的有預見性的方法，有效地激勵和影響他人，最大限度地開發人的潛能，使每個人都能做出最適宜的行為表現，並且在這一過程中體驗到積極的情感，從而使他們在自尊自信的心情下實現各自的理想。我們必須懂得和承認這一事實，他人是非常重要的。所有的人在某件事情上都有求於他人。在家庭成員中，我們需要親情和支援；在雇員中，我們需要合作和忠誠的勞動；從雇主那裡，我們需要得到鼓勵、理解和公平的勞動報酬。

有些觀察力強、經驗豐富的從業者會告訴你，在任何工作中要想成功，你必須具備三項主要的品質。第一，你必須願意從事這項工作；第二，你必須具備從事這項工作的知識和能力；第三，你必須能和他人和睦相處。

在各項品質中，多數人認為，具備能和他人和睦相處的能力是最重要的。大量事例也證明了這一點。有不少人之所以能夠居於大公司裡的監督人、經理等領導職位，並不是因為他們強烈希望得到這個職務或者在工作上有什麼特殊的才能，而是因為他們有很好地處理人際關係的能力。

美國富翁、大慈善家洛克菲勒在評論人際關係的重要性時說：「管理他人的能力是所有能力中最重要的能力，所以我願意給管理者支付更高的工資。」

研究表明，事業上的成功，八十五％歸功於待人的技巧，只有十五％歸功於技術知識。令人遺憾的是，在各種培訓課程的計畫安排中，這個數字正好顛倒過來了。這是由於人們總是認為如何開創和保持有效的人際關係是一個人與生俱來的能力，然而事實並非如此。你只要看到今天八十一％的新工作是屬於服務性質，你就會認識到處理人際關係的技巧是多麼重要。現在讓我們仔細考察一下人際關係在各種組織中所起的作用。

一個人在原來崗位上是勝任的，而被提升到更高的職位以後卻不能勝任了，對於這種現象，人們常常用彼得原則加以解釋。這就是說，負有更高水準的責任主要是要求有更高的技能。根據彼得的說法，前述現象的產生，是由於提拔了技能上不稱職的人。

這是對這種現象可以做出的一種解釋，即一個人被提升後，他的責任首先是對別人的工作進行監督，檢查別人對實現組織目標做出的貢獻。但是你不能夠假設，一個售貨員被提升為商店經理後，由於他有熟練的售貨技能，就能自動地懂得如何管理和調動全體店員的積極性。由此我們不難推知，一個人被一步步提升之後，他所具有的良好的人際關係就顯得越來越重要，

因為他對別人以及整個組織的影響作用隨著他的提升變得越來越大。

僅僅運用建立良好人際關係這一關鍵性技巧所形成的結果就可以否定彼得原理的效用。我們發現了這樣一種新的現象，這對專業經理人員會有啟發：那些始終一貫地表現出能與他人合作共事並通過他人的努力共同達到目標的人，最容易得到提升的機會，而且實踐證明，他們的才能完全適應他們所任職務的要求。這顯然是與彼得原理對立的。

現在讓我們再回到前面討論的問題上來。一個人自尊感的水準同這個人與他人相處的能力成正比。一個人喜歡自己的程度，決定這個人全部人際關係的品質，決定這個人喜歡和他人在工作中有效合作的能力。反之，一個人一旦建立和發展了良好的人際關係，別人也會十分喜歡和尊重他。這是一種十分有益的互動：你成全了別人，別人也會成全你。

要建立良好的人際關係，就必須掌握正確的方法。一般來說，正確的方法有三條：

第一，要透過賞識重視他人的價值；

第二，要從他人的角度觀察問題；

第三，要善於聽取他人的意見。

然而，儘管如此，我們現代人卻過於在乎別人對自己的反應和評價，我們總是生活在別人的價值觀裡。

所以，儘管我們每一個人都在生活著，但我們卻未必就掌握了生活的真諦。

我們的為人，我們做事情，總是習慣於按照別人的反應來決定，而不少按照我們自己的意願去行動。這也正是我們現代人的悲哀所在。尤其在我們向「成功」、「幸福」、「美麗」等等美麗的字眼去攀登的路上，我們太過於地在乎別人對我們的評價和議論，別人的評價和議論似乎已經成了一種約定俗成的標準。

就如一位心理學家所說的那樣：「簡直不可能得出這樣的印象：人們常常運用錯誤的判斷標準——他們為自己追求權利、成功和財富，並羨慕別人擁有這些東西。我們低估了生活的真正價值。」

在別人的評價和價值觀裡，我們就像那個被老巫婆施了魔法套上了紅舞鞋的小姑娘，想停也停不下來，只有不停地跳、跳、跳。

一位四十七歲的職業女性南茜，在別人的眼中是一位成功者，可是她卻說：

「雖然我的一些成就讓人刮目相看，我卻想不透大家誇讚我什麼。我這一輩子一直在努力，成就這樣或那樣的事，可是現在我卻懷疑『成就』究竟是指什麼了。我永遠在壓力下生活，

沒有時間結交真正的朋友。就算我有時間也不知道該如何結識朋友了。我一直在用工作來逃避必須解決的個人問題，所以我想一個任務接著一個一個任務地去完成，不給自己時間去想一想我為什麼要工作。這真是瘋狂。假如時間可以退回去十年，我會早一些放慢腳步考慮一下，那就不會像現在這樣感覺匱乏了。」

當初有許多各行各業的男女，以害羞、內向、能力不足的模樣進入銷售界，可是他們像被施了魔法一樣，在幾周之內就變得有信心、有能力，而且是更富有生產力的人。這到底是什麼原因呢？在許多情況下，這些人過去一直生活在消極的環境中，而且周圍的人也不斷地在他們心靈中注入消極的因素，並且告訴他們哪些事情不能做。現在每一個人都開始鼓勵他們說，他們能做些什麼。他們從訓練師、經理與同事那裡聽到了積極的敘述，他們每天都看見這種方式在各方面生產的結果。由於他們發現了這種喜歡自己的做法實在是更有趣，所以他們幾乎立刻開始改變自己的自我形象。

請你記住：你會獲得你周圍的人的大部分思想、舉止與個性，即使是你的智商也會受到你的環境與夥伴的影響。

## 讓每位成員都覺得自己最重要

老虎捕到獵物就只顧自個兒吃，不顧妻兒老小，更不管左鄰右舍。狼卻不是這樣，狼捕到獵物想著自己也想著整個狼群，還想著那些跟不上狼群的老狼、瘸狼、餵奶的母狼等等。這就是狼群所以是草原上霸主的原因。

如果他能夠使自己周圍的人都覺得自己很重要，那麼，他本人其實就更重要。這是狼的生存法則，也是強者的生存法則。

瞭解了這一點，我們在管理公司的人員、業務等的時候，我們在處理人際關係的時候，就可以利用人性的這一弱點，去描繪我們的成功。具體的做法是盡力地使別人感到他自己是不可缺少的，不可替代的。這一做法可以應用於許多不同的情況之中。

因為人們都渴望別人能感覺到「他們是你生活的一部分，在你心中佔有一點分量。」如果

能滿足他們這項需求，你就能輕易獲得他們的讚美、尊敬，以及通力合作的回報。

所以，一個聰明的領導者、老闆、教師，甚至一個家長，他都會給自己的下屬、員工、學生、家庭成員等提供一個讓他們表現自我的機會。

只要他意識到自己對於單位、公司、家庭是不可或缺的，他付出再多的努力和勞動也是愉快的。因為他感到在別人的心目中，他是很重要的。

當然，如果你是一個下屬，那你就要想方設法給你的上司一個表現自己重要的機會，使你的上司感覺你是一個需要幫助、需要教導、值得投資的對象。如果你滿足了老闆的這種心理需求，你以後在公司的日子就好過了。

所以，要盡力使你的同事們、顧客們、孩子、丈夫或妻子，也就是任何一個跟你親近的人都覺得你確實是很需要他們的。

在這一方面，日本松下公司的做法很值得我們借鑒和學習。

松下公司正是在創造和培育人作為公司的根本思想的指導下，十分重視對「創造產品的人」的培育和訓練使用。正因為這樣，公司的人上至部門經理下至普通的員工，都覺得自己對於松下公司是十分重要的，所以，其工作的積極性才得以最大程度的提高。

松下公司把「訓練和職業發展」作為企業的方針。

公司二十多萬職工，每一個人都會受到一定時間的定期培訓，公司對各部門的經理要求更為嚴格，每六個月就要進行一次標準化的成績考核。透過對公司員工的不斷培訓，不僅訓練出具有高度生產能力的工人，而且培育出一批具有實際工作能力，同時又具有豐富生產和銷售經驗的人才。

這些人才成為企業不斷向前發展的真正動力。

在企業正常發展的情況下是如此，即使在公司受到世界性經濟衰退的影響其經營受到挫折的時候也是如此，因為每個人都覺得自己對松下公司很重要，因而在公司遇到困難的時候，大家都爭先恐後地為公司走出困境為出謀劃策。

松下集團在新加坡開設的分公司曾有一度銷售額大幅下降，生產量壓縮，但松下公司並沒有採取其他公司在這種情況下常用的裁減人員的做法，而是用大約三十萬日元的資金對一三〇〇多名工人進行了綜合教育與業務培訓，反覆強調他們對於松下公司的重要性。這樣，不但提高了工人的生產技術水準，而且使廣大員工感到公司的十分困難的情況下仍然如此重視他們，跟他們同舟共濟，密切了員工與公司的關係。

令松下公司的老闆松下幸之助，最引以為自豪的就是他能夠從一些看似平凡的人身上取得不平凡的效果。松下幸之助的具體做法就是：

讓這些平凡的人覺得自己並不平凡，而且他們後來的表現就證明了他們的確不平凡。

松下幸之助從來不去一些著名的大學裡去選擇人才，而是十分注意從公司內部職工中發現人才，然後量才使用，在使用的過程中注重實際工作能力和工作業績，用人不分親疏，他把許多年輕人直接提拔到重要的工作上。

一九八六年松下幸之助提拔名不見經傳的山下俊彥出任松下公司總經理，而將自己的兒子松下正治由總經理改任總董事長。

這次的人事安排令人十分驚訝，因為山下俊彥不僅與松下幸之助毫無血緣關係，而且又十分年輕。但是，松下幸之助慧眼識才，山下俊彥出任總經理後，根據世界市場形勢的變化和家用電器的發展趨勢，及時果斷地改變原公司的生產體制，由生產家用電器單一制造系統擴展為生產電子科技產品等多門類的生產體制，使公司銷售額逐年增加，從而造就了松下電器公司新的發展階段——山下時代。

山下俊彥所以能夠如此，就是他自從被提拔到公司總經理的位置後，他充分感覺得他自己對於松下公司的重要性，因而其工作的主動性就大大提高，這才造就了松下公司的又一次輝煌！

這實際上是松下幸之助的一次巨大成功！

## 強者亦是處理人際關係的高手

頭狼的高明之初就在於，它能夠使群體中每一隻狼的聰明才智智慧力量都得到發揮，而且，使大家和睦相處，使每一隻狼都緊密團結在自己周圍。

善於處理人和事的人，從不把應酬的學問當成是只求一時功利的人生戰，而是作為以誠待人、寬於待人的一種方式。

我們中的大多數人平日工作在一個相對比較和諧、彼此合作默契的環境中，對於待人處事的藝術，考慮得較少。這也是正常的，因為一般的人都不願在這件事情上傷神勞心。但是正是由於這個緣故，當人們走出了自己熟悉的工作和生活圈子，到外面的世界去的時候，就很容易碰壁，經常陷入被動之中，甚至有時會產生寸步難行的感覺。

其實，在大多數情況下，人們遇到的此類遭遇並不是難以解決的困難，而是他們由於沒有很好地掌握一些待人處事的藝術，沒有學會隨著環境的改變的應變藝術，即沒有掌握所謂的「應酬的學問」。

將「應酬」上升到學問的高度，這並非在小題大做，世界上有許多國家的高等學府開設有專門的「應酬學」，以增強學生們與人交往的能力，提高辦事的效率。

首先，我們要明白「應酬」不是虛與委蛇，不是虛情假意，也不是看人下菜，應酬是指因時、因地、因人制宜的待人處事的藝術。

是我們在生活中善於把握對方的心理狀態、找到解決問題的最佳方案和化被動為主動的一種本領，是我們的工作和生活中迅速適應人、事、環境並使自己永遠處於比較主動之地的一種學問。我們平時說某個人應酬得體，這不僅表現在儀表的適度和大方，更重要的表現在他內在的心理容量和文化素養方面。應酬得當的人，既不會使人感到油滑，又能獲得對方的尊重和好感。

要掌握好待人處事的藝術，要求我們在心理上保持較大的寬容度。這是我們在待人處事方面富於彈性，寬於待人，留有較大的迴旋餘地的基礎。

當一個人在生活工作中比較寬容時，他就很少將自己認為「理所當然」的想法強加給別人，他總是給自己同時也給他人留有較大的緩衝餘地，不至於將別人擠到「牆角」。這樣的人，即使在和一個陌生人初次接觸的時候，不會產生很大的壓力，從而讓對方覺得容易合作的感覺。

我們在生活中能見到這樣的藝術高手，他們即使在一個相對生疏的環境下也能應對自如，甚至如魚得水，某些難以解決的問題、難以處理的人際關係遇到他們就會迎刃而解。這樣的人，似乎天生就有一種親和力和征服力，他們都是駕馭應酬藝術的高手。

大凡成功者，在成功之前，都要率領著一支隊伍東擋西殺，南征北戰，才能開闢出一塊領土，取得了一些成就。而在這個過程中，這些成功者就像指揮著千軍萬馬的元帥，他們需要優秀的將軍輔助，因此能不能選好將軍，能不能利用好將軍，常常決定了事業發展的成敗。

人才不是靠個人關係產生的，但他們確實需要伯樂的發現。渴望成功，就要具備伯樂的相馬才能。發現千里馬，駕馭千里馬，就能夠儘快地達到個人人生追求的目的地。

掌握待人接物藝術並不是一件難事，只要能夠掌握它的精髓和本質，我們一般人也可以成為這方面的高手。應酬藝術的精髓就在於待人處事時「度」的把握，這個「度」包括兩個方面，一是人際關係交往的程度，二是處理問題的火候。只要這兩方面把握好了，你就能在人際關係中立於不敗之地，也就能成為駕馭待人處事的一個高手。這樣，就會使你的發展如虎添翼。

# 頭狼的任務是激勵群狼

狼之所以要組成團隊，也許是頭狼意識到，單靠它一個狼，什麼事情也做不成，更不要說成為草原上的主宰。因此，頭狼就竭力調動所有狼的力量。

在你領導團隊的過程中，你的一切管理手段，如評價你的下屬的工作技巧，對新來的員工進行培訓，對老職員進行再教育，化解各式各樣的矛盾衝突，組建一支最有活力、最能幹的團隊，獎罰制度的建立，以及各種日常工作管理制度的擬訂，等等，這些管理手段的唯一目的，就是為了激勵別人。

激勵理論是行為科學關於個體行為理論的核心。「激勵」，英文為「motivation」，一般是指一個有機體在追求某些既定目標時的願意程度，含有激發動機、鼓勵行為、形成動力的意義。

激勵是行為的鑰匙，又是行為的按鈕，你按動什麼按鈕就會產生什麼樣的行為，因而，在我們的生活和工作中，每一個人都需要激勵。作為一個管理者，對自己的團隊和組織，為了實現既定目標，就更需要激勵全體成員。在一般情況下，激勵表現為外界所施加的吸引力或推動力激發成自身的推動力，使組織目標變為個人目標。

一個人的行為，必然要受到來自外界的推動力、吸引力的影響，這種吸引力和推動力，通過個體的消化和吸收，產生出一種自動力，使個體由消極的「要我做」轉變為積極的「我要做」。自動力越大，行為也就越積極，反之亦然。而自動力的大小，固然與推動力或吸引力的強度有關，但卻無法離開自身的因素，同樣強度的推動力與吸引力，對於不同的人可能會產生強弱懸殊的反動力，對人的行為產生不同的影響。

在實際的工作中，差不多所有的激勵理論，都滲透著一個共同的基本原理——人們都願意做那些能夠得到報酬的事情。

著名成功學家拿破崙・希爾在這一方面有著親身的經歷，他曾這樣說：

「當我是一個小孩時，我被認為是一個應該下地獄的人。無論何時出了什麼事，諸如母牛

從牧場上放跑了，或堤壩破裂了，或者一棵樹被神秘地吹倒了，人人都會懷疑：這是小拿破崙・希爾做的。

「而且，所有的懷疑竟然都還有什麼證明！我母親死了，我父親的弟兄們都認為我是惡劣的，所以我便真正是頗為惡劣的了。如果人們竟是這樣看待我，我也不致使他們失望的。

「有一天，我的父親宣佈：他即將再婚。我們大家都很擔心：我們的新『母親』是哪一種人。我本人斷然認為即將來我們家的新母親是不會給我一點同情心的。這位陌生的婦女進入我們家的那一天，我父親站在她的後面，讓她自行對付這個場面。她走遍每一個房間，很高興地問候我們每一個人——就是說直到她走到我面前為止。我直立著，雙手交叉著疊在胸前，凝視著她，我的眼中沒有絲毫歡迎的表露。

「我的父親說：『這是拿破崙，是希爾兄弟中最壞的一個。』

「我絕不會忘記我的繼母是怎樣對待他的這句話的。她把她的雙手放在我的兩肩上，兩眼閃耀著光輝，直盯著我的眼，我使我意識到我將永遠有一個親愛的人。她說：『這是最壞的孩子嗎？完全不是。他恰好是這些孩子中最伶俐的一個，而我們要做的一切，無非是把他所具有的伶俐品質發揮出來。』

「我的繼母總是鼓勵我依靠自身的力量，制訂大膽的計畫，堅毅地前進。後來證明這種計畫就是我事業的支柱。我決不會忘懷她教導我『當你去激勵別人的時候，你要使他們有信心。』

「我的繼母造就了我。因為她深厚的愛和不可動搖的信心激勵著我努力成為她相信我能成為的那種孩子。」

這就是激勵的力量！

所以，你作為一隻頭狼，一個公司或者一個部門的管理者，自然也可以用信任的方法激勵別人。你應該告訴別人：「我知道你在這個工作中是會成功的，所以我和別人承擔了保證你成功的義務。我們都在這兒，等待著你……」

# 關懷是人際間的通行證

人們都說，狼性殘忍。但是，狼對自己的同類，卻是充滿著愛心的。一隻幼崽，如果它的父母遭到不幸，那麼，就有許多狼阿姨擔任起撫養它的任務。這也許就是狼作為一個團隊存在的力量所在。

在人際關係中生存，就必須有所付出。而得人心的關鍵，就是需要一顆愛心。有愛心，就能夠處處體貼人，替別人著想，別人也就願意為你效勞，你也就能夠在人際關係中生存、發展，實現自己的夢想。

草原上的狼，如果都自己顧自己，不管別人的死活，那麼，所有的狼都有了後顧之憂，自然也就不會再去給團隊賣命了。

真誠地對他人感興趣。在成功的商人德林的眼裡，每一個客戶、每一個親友，對於他來說，都是非常重要的，都是值得關注的。他有一個與眾不同的「絕招」就是：每當德林的親友或客戶每年的生日到了的時候，就會收到德林的慶賀信函或禮儀電報。這對於一般人來說，通常是難於做得到的，而德林確實做到了。因此，在別人的眼裡，德林常常是世界上唯一不會忘記自己生日的人。

原來，許多年來，德林一直都在刺探他人的「情報」，留心打聽親友和客戶們的生日。怎樣打聽呢？雖然德林不是那種好打聽別人隱私的人，可是在打聽別人生日上卻是例外。因為，德林熱衷於「一個人的生辰跟一個人的人生和性情關係的研究」（顯然這是藉口）。因而他會請求親友或客戶們將他們的生辰告訴他。當對方說出某月某日時，德林就對自己重複地說著這個日子，等對方一轉身，德林就把對方的姓名和生日記下來，事後再轉記到一個生日專用本子上。在每年的年初，德林就把這些生日標明在他的月曆上。

要知道，一個能夠年年記住自己生日的人，你難道能不感覺到他的可愛和可親嗎？你難道不樂於和這樣的人交朋友、打交道嗎？

真誠地為他人著想。德林對於不平不公的事，總會先站到對方的角度進行換位思考，注意多想：人的難處。所以，他很少對人言，別人也很少會與他結怨。

大學剛畢業那一陣子，他給一家網路公司設計程式，主管德林這個部的經理脾氣暴躁且喜歡挑剔，他與部屬總是搞不好關係。因而辦公室招聘的人換了一撥又一撥，幾乎沒有一人能夠幹得長久。當經理又來找德林的碴時，德林意識到自己該是「識時務」——辭職的時候了！因此，德林不得不悄悄地拐彎摸角尋出路，開始為自己尋找其他合適的工作。

不過，即使到了這個即將說「再見」的地步，德林也並不是那麼地怨視經理，他覺得「源頭」是因為公司老闆的脾氣不好，潛移默化地將這種心情傳染到經理們身上。因此，決定在臨走之前給老闆寫一封信，感謝他曾經給了自己就業的機會，同時，他也「仁至義盡」地向老闆提個「醒」。他問老闆是否知道，老闆召見他的經理們的時候一個個誠惶誠恐、頭腦開始變得遲鈍的景況？

德林堅信如果公司裡的氣氛能夠變得更好一點兒，公司的生意會變得更加興隆。因為一個寬鬆的環境對挖掘員工的潛能來說，是多麼地重要呀。因此，德林在信的末尾這樣向老闆建議：何不將愛充斥於公司上下之間呢？

沒想到，德林寫出這封信後不僅沒有被「炒魷魚」，相反，還受到了重用。也正是因為德林的這封信，辦公室的氣氛改善了許多，大家也不必再對經理的臉色提心吊膽了，工作時臉上的肌肉都鬆弛了許多。原來，老闆看了德林寫的信後，深受感觸，他就這個問題召開公司高層會議，進行專題研究。在會上，老闆意味深長地對經理說：「一個預感自己就要離開公司的人，都還在替公司著想，有這樣的員工難道你不感到自慚形穢嗎？」

德林雖然身在危難之時，卻還在為他人著想，所以他能夠化險為夷，能夠因「禍」而得福。真誠地給他人以讚賞。幾年後，德林獨自開起了一家電腦銷售店，旗開得勝，這可引起了鄰近的電腦銷售店林老闆的嫉恨。林老闆無中生有地指責年輕的德林「不地道，賣水貨」。德林的好友為此感到非常氣憤，慫恿德林向法院起訴，控告林老闆的誣陷。德林卻不僅不惱，反而笑嘻嘻地說：「和氣才能生財，怨怨相報何時了？」

當顧客們再次向德林述說起林老闆的攻擊時，德林心平氣和地對他們說「我和林老闆一定是在什麼事情上產生了誤會，也許是我不小心在什麼地方得罪了他。林老闆是這個城裡最好的老闆，他為人熱情，講究信譽。他一直為我所敬仰，他是我學習的榜樣。我們這個地方正在發展之中，有足夠的餘地供我們兩家做生意。日久見人心，我相信林老闆絕對不是你們所說的那種人。」

林老闆聽到這些話，深深地為自己的言行感到羞愧，不久後的一天，他特地找德林，向德林表達了自己的這種心情；還向德林介紹了自己經商的一些經驗，提了一些有益的勸告。這樣，德林真誠的讚揚消除了兩人之間的怨恨。德林的話正是印證了這樣的一個道理：世界上沒有一個人不會為真心誠意的讚賞所觸動。

也正如百老匯的一位喜劇演員所曾經感嘆「即使一個星期能賺上十萬美元，如果沒有一個人發出會意的笑聲和掌聲，這種生活也如同下地獄一般。」

**真誠地給他人以幫助。**

德林得知有家新開張的外商投資的大公司需要進購一大批電腦。於是，德林專程去拜訪了公司的董事長，當德林被迎進董事長辦公室時，一個秘書模樣的年輕小姐從門外探進頭來，告訴董事長，她這天沒有什麼郵票可以給他。

「我在為十三歲的兒子搜集郵票，」董事長對德林這樣解釋道。

德林說明他的來意，董事長卻很遺憾地告訴他「你的資訊來得太遲了，因為我們公司的電腦的訂購工作已經結束。」董事長還善意地將公司的訂購單拿出來給德林看。雖然生意沒有談成，但董事長的兒子需要郵票的事，卻深深地印在了德林的腦海裡。

第二天早上，德林再次找上門去，傳話給董事長的秘書，說他有一些郵票要送給董事長的兒子，是否讓他進去？

董事長即使得到一筆訂單，大概也不可能會表現出如此這般的熱誠。董事長翻閱著德林給他的郵票，滿臉堆著微笑說：「我們家的約翰肯定會喜歡這幾張中國郵票，這對他來說簡直將是一些無價之寶！」

當董事長提出要用錢將這些郵票買下時，德林卻斷然拒絕「我要是為了賣錢的話，也就不會拿到這兒來了。我們雖然生意沒有做成，情意還在嘛。這些郵票對於我來說，並沒有多大用處，送給你的兒子做個紀念吧。」

德林的這一舉動令董事長感動不已。這一天，他們花了一個多小時談論郵票，從此也交下了非同一般的友誼。一年後，這家公司擴大業務，需要添置一批電腦，董事長主動打電話給德林，使德林順利地做成了一筆大生意。

的確是如此，人與人之間的相處，如果採取的是「用得著人時再去求人」的處事方式，注定只能「培養」出短暫的友誼，無疑這種友誼也是不可能維持多久。那種不圖回報的對人給予真誠幫助，不僅僅是高尚之舉，也會是一種長期的感情投資，這對於授予者來說，將是一筆無價的無形資產。

古人云「敬人者，人恒敬之，愛人者，人恒愛之。有愛敬之誠，動獲人心，而道無不通也。」

德林「利他」的人格魅力，不僅是一種做人的高境界，更是一種處世生存的大智慧。他的這種做人與處世的哲學，難道不值得我們每個人學習和借鑒嗎？

## 強者必屬最有團隊精神的人

頭狼所以是頭狼，除了它自身的聰明才智，強健的體魄，還有一個重要的方面，那就是它們都是最具有群體意識的狼。它們能夠將所有的狼團結在自己周圍。

能和美國億萬富翁——「鋼鐵大王」卡耐基攀親附緣，並在他的提攜下走向個人事業的巔峰，讓很多人不敢想像。可是，一個年輕人只用了一把椅子，就輕易地與「鋼鐵大王」齊肩並行，從此走向令人羨慕的成功之路。

那是一個烏雲密佈的午後，大雨瞬間傾瀉而下，行人紛紛逃進就近的店鋪躲雨。這時，一位渾身濕淋淋的老婦，步履蹣跚地走進費城百貨商店。看著她狼狽的姿容和簡樸的衣裙，所有的售貨員都對她愛理不理。

這時，一個年輕人誠懇地對她說：「夫人，我能為您做點什麼嗎？」

老婦莞爾一笑：「不用了，我在這兒躲會兒雨，馬上就走。」隨即老婦又心神不定了，不買人家的東西，卻借用人家的屋簷躲雨，太不近情理了。於是，她開始在百貨店裡轉起來，哪怕只是買個頭髮上的小飾物，也給自己躲雨找個光明正大的理由。

正當她眼露茫然時，那個小夥子又走過來說：「夫人，您不必為難，我給您搬了一把椅子，放在門口，您坐著休息就是了。」

兩個小時後，雨過天晴，老婦人向那個年輕人道了謝，並隨意地向他要了張名片，就顫巍巍地走了出去。

幾個月後，費城百貨公司的總經理詹姆斯收到一封信，寫信人要求將這位年輕人派往蘇格蘭收取裝潢一整座城堡的訂單，並讓他負責自己家族所屬的幾個大公司下一季度辦公用品的採購任務。詹姆斯震驚不已，匆匆一算，只這一封信帶來的利益，就相當於他們公司兩年的利潤總和。

當他以最快的速度與寫信人取得聯繫後，才知道這封信是一位老婦人寫的，而她正是美國億萬富翁「鋼鐵大王」卡耐基的母親。

詹姆斯馬上把這位叫菲利的年輕人推薦到公司董事會。毫無疑問，當菲利收拾好行李準備去蘇格蘭時，他已升格為這家百貨公司的合夥人了。那年，菲利二十一歲。

隨後的幾年中，菲利以他一貫的踏實和誠懇，成為「鋼鐵大王」卡耐基的左膀右臂，在事業上扶搖直上、飛黃騰達，成為美國鋼鐵行業僅次於卡耐基的富可敵國的靈魂人物。菲利二十九歲時，已經為全美國的近百家圖書館捐贈了八百萬美元的圖書，他希望用知識和愛心幫助更多的年輕人走向成功。

生活中的奇蹟，其實就發生在你不經意的言行之間，一句親切的話語、一個友善的致意或一項小小的援助計畫，都能讓對方體會到你的愛心和真誠。同時，也能夠成為你事業發展的基石！

有一句俗話，人人為我，我為人人。話聽起來似乎很簡單，不就是人們互相幫助嗎?的確，道理的確簡單，就是人與人之間互相幫助，互相扶持，共同度過人生的難關，或者共同走向人生的成功。

人類世界有個規律，一些看似簡單的話語實際做起來難度卻不小。

有人說過，人都是自私的，因為生命本身具有排他性。當然，這種排他性並非說我們都

要視他人為敵人，甚至不允許別人生存，這種排他性主要是指別的生命與你一起消耗著有限的能源，佔據著不變的生存空間。當別人的存在沒有威脅到我們存在的時候，我們倒還能相安無事；而一旦別人的生存威脅到你的生存，人類就開始有了爭鬥以至於發生大規模的戰爭，用戰爭的形式和別人爭奪生存空間。

當人類意識到無休無止的爭鬥與戰爭只會加速人類的滅亡之後，人類開始採用發展科學技術來拓展生存空間，並挖掘有限的能源的潛力。

但是，人類從一開始誕生就已經合作了，如果我們人類沒有一點合作精神，那麼，今天在地球上佔據統治地位的恐怕就不是兩條腿的人。為什麼要合作？道理也很簡單，不合作就意味著滅亡，意味著種群的滅絕。

或許因為人與人的合作是難得的，所以，人類的先哲們用許多語言來說明合作的重要性，鼓勵人們去愛自己的同類，去幫助自己的同類。「人人為我，我為人人」即是其中之一。

或許你會說，求助，是人類的一種自助方式，這沒錯。而助人，也成為一種自助方式，似乎就不好理解了，明明是給別人以幫助，怎麼會有自助作用呢？

從心理學的角度去分析，當你去熱忱地幫助別人解決某一個問題的時候，會產生一種在自我狀態下難以萌生的「智慧受激狀態」，一個具有積極心態的人在這種情況下就會促使自己的身體與精神機能處於一種「總動員」的狀態，使自己的能力有出色的表現。

其次，別人求助的問題或事情，有可能是你從來沒有遇到過的，所以，你為別人解決了問題，做了事情，也會給你以啟迪，迫使你從新的角度去思考你原來所學的知識和你原來積累的經驗。這樣，你不僅幫助了別人，同時也得到了別人哲學意義上的幫助。

同時，助人與自助也是人類智慧合作的一種方式。在這個世界上，我們每個人都是彼此不同的，各有各的資質與技巧，各有各的能力、各有各的長處和短處。你今天在某個問題上助了別人，而在另一個問題上，你也需要別人的幫助。所以，你今天看似在助人，實際上是在自助。

在生活中，善於助人者並擅自助者，也就是說是從生活中善於施捨與獲取最多的人，除了具有一般成功者的共性之外，還有以下的共同點：

無論做任何事情，他們總是全力以赴；無論是工作還是遊戲，也無論是沉悶枯燥或緊張刺激的、瑣碎的或者重大的，他們都能專心致志，盡他們最大的力量，非經最大的努力決不甘休是他們的信念。

他們能從幫助別人這單純的事情中獲得特殊的滿足與深切的愉快。在日常生活中，為一個朋友、一個主顧、一個病人、一個顧客，甚至一個素昧平生的陌生人，做一些份外的事情，他們都覺得這是極有意義的事情。

用這兩條原則衡量一下你自己，你是不是強者？

# 第三篇

## 絕不放走可能上門的獵物

——捕捉機遇，主動出擊

## 抓住了機遇你就成為強者

頭狼老了，老到了一個不可能再擔當重任的時候了，這時，就有一批公狼躍躍欲試，企圖取而代之。但是，最終勝出的狼只有一隻。哪隻狼抓住了機遇，那隻狼就成為新的頭狼。

機遇是一個美麗而性情古怪的天使，她會忽然降臨在你身邊，你若稍有不慎，她又將翩然而去，不管你怎樣扼腕嘆息，她卻從此杳無音訊，不再複返了。

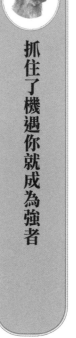

你肯定聽說過這個故事：一個蘋果從樹上掉下來，恰好掉在了牛頓的頭上。牛頓也正是由於受此啟發，發明了萬有引力定律。

事業和人生發展有時候就是這樣，你苦苦追求、苦苦思索，甚至，你處心積慮、心機用盡，你未見得就能取得成功；可就在你已經對自己的事業不抱什麼希望，要失去信心時，成功卻不期而至，讓你頓時有一種柳暗花明之感。

成功的機會有時就來自偶然。

世界上第一個防火警鈴就是在實驗室的一次偶然中產生的。杜妥·波爾索當時正在試驗一個控制靜電的電子儀器，忽然他注意到他旁邊的一個技師所抽的香菸把儀器的馬錶弄壞了。起初他的第一反應是非常的懊惱，因為必須中止實驗，重新再裝上一個馬錶。但很快他又想到，馬錶對菸的反應可能是一個有價值的資訊。這個短暫並且看似很不起眼的偶然事件，促使波爾索發明了第一套防火警鈴系統，一套拯救了成千上萬人生命的系統。

不僅僅是防火警鈴的發明來自於一次偶然事件，拯救了更多人生命的青黴素的發現也是如此。被稱為「雜交水稻之父」的袁隆平，也是有一次在稻田裡，突然發現了一棵自然雜交的水稻。由此，他想到目前我們人類所認定的水稻不能雜交有可能是個錯誤的結論。於是，他成功了，成為足以改變人類命運的世界級的農業科學家。

可能你會說，蘋果樹上的蘋果都快將我的頭砸爛了，我也沒有發明什麼定律；可能你也會說，我也整天泡在稻田裡，怎麼就沒有發現一棵自然雜交的水稻。

這就是你、我、他這些普通人和牛頓、袁隆平的區別。

如果世界上沒有牛頓，我們人類有可能到現在也不知道萬有引力定律；如果沒有袁隆平，我們可能至今仍不知道水稻也可以雜交。

如果牛頓、袁隆平就像你、我、他一樣，在那次看似偶然的發現之前，對於物理、對於水稻一無所知，那麼，蘋果即使在牛頓的頭上砸一百次，袁隆平即使在稻田裡再碰到一千棵自然雜交的水稻，也於事無補，不會有什麼大發明。

牛頓、袁隆平所以能在看似偶然的機會中有了創新發明，取得了人生的成功，原因不在於他們碰上了那次偶然，而在於他們平時付出了艱辛勞動的必然。

這才是問題的關鍵！

我們知道世界著名的美國希爾頓飯店有限公司，這是一家國際性的飯店壟斷組織，該跨國公司在世界各地設有二百多家飯店，其規模在美國旅店業中名列榜首。

國際希爾頓飯店有限公司的創業者康拉德•希爾頓在年輕時，將自己當時的全部積蓄五千美元購買了第一家只有兩層的紅磚樓的小旅館，發展到一九四五年購入了世界最大的芝加哥史蒂芬斯大飯店，第二年又購入了紐約一家大飯店。康拉德•希爾頓從此成為美國飯店業的首領並贏得了美國「飯店大王」的稱號。

康拉德・希爾頓（也即是人們常說的老希爾頓）是如何發跡的呢？

康拉德・希爾頓的父親是北歐挪威人，後移居美國，在美國新墨西哥州的聖安東尼奧市落戶和經商，二十世紀初去世。

第一次世界大戰期間，老希爾頓應徵入伍，參加了歐洲戰場作戰，戰後復員回家。作為一個復員退伍軍人，他的生活有過一段非常不穩定的時期。這時，他的父親死於一場車禍，而他卻無意子承父業去急急忙忙地做商品生意，而是對生活和前途感到十分惘然。他幾乎走遍了新墨西哥州，想要在這種漫無目的的流浪式的走動中重新認識自己，尋找未來生活的寄託。他也留心各行各業的生意狀況，決定把銀行業作為他的事業。當時擁有五千美元的老希爾頓終於越過了州界，冒險進入德克薩斯州那個到處是石油和發財機會的小鎮上。老希爾頓看中了一家接近火車站的銀行，詢問經理要多少錢才肯出售，經理出價七萬五千美元。

多年以後，老希爾頓在他的自傳《做我的客人》中寫道：「價目和我衣袋裡金額之間的差額並沒有使我煩惱，當時我充滿信心地想：『對於好的東西，你總能夠獲得把它弄到手的款項。』」

所以，當那家銀行的經理開出了價錢之後，老希爾頓一口答應，準備照價購買。但是，一件看起來似乎微不足道的事情改變了歷史。那位銀行主在幾天之後卻給他來了一份電報說：「售價已經漲至八萬美元，不必爭論。」老希爾頓接到電報非常憤怒，決定放棄當銀行家的念頭。

老希爾頓後來回憶說：「就是那樣，那封電報改變了我的一生。」

碰壁之後，老希爾頓餘怒未消地來到一家旅店投宿。誰知旅店走廊上的人群像罐子裡的沙丁魚一樣擁擠不堪。老希爾頓好不容易擠到櫃檯前，主人卻毫無歉意地對他說已經沒有了地方，要碰運氣還得在八小時後騰出地方時再來，並警告老希爾頓不要在走廊上裡遊蕩。

老希爾頓憋了一肚子氣，但他忽然靈機一動地問：「你是這家旅店的主人嗎？」

對方點頭稱是，然後向老希爾頓訴起苦來，說：「我被它捆得死死的，賺不到一毫錢，不如到油田去賺實在的錢。」

老希爾頓又用激將法地問道：「這家旅店準備出售嗎？」

旅店的主人說：「任何人出五萬美元就可以買去。」

三小時後，老希爾頓經過仔細查閱了這家旅店的賬簿，便決定買下這家旅店。經過一番討價還價，賣主最後同意以四萬元出售。老希爾頓立即四處籌措現金，終於在生意截止前幾分鐘將錢送到。

陰差陽錯，老希爾頓抓住了一個偶爾遇到的不是機遇的機遇，他成功了。那個銀行家的失信，成就了世界上一位著名的飯店大王。

在人的一生中，機會可能會以多種方式降臨到我們面前，有時候就以偶然的方式不期而至。要抓住這些機會，捕捉這些偶然，進而取得成功，就需要在平日裡付出勞動，有能夠捕捉這些機會和偶然的心理準備。

而在另一方面，養成尋找機會的習慣，打開你的心靈，尋找一切可能的機會，因為他們無處不在，經常出現在我們的眼前。

# 錯過了機遇也就錯過了成功

所有的狼都酷愛黑夜，到了黑夜，狼全身的生命活力就必然迸發；酷愛戰鬥的狼，到了黑夜，全身心求戰的衝動必須迸發。因為，對於狼來說，黑夜就是機遇。

機遇不會自己送上門來，需要我們去爭取。

我們每個人在自己奮鬥的過程中，都會遇到各式各樣、或大或小的機會。幸運女神會叩響我們每一個人的房門。只是，成功者抓住了機會，經過自己的艱苦奮鬥，他成功了，所以他成為幸運兒。而其他人，當幸運女神會叩響他的房門時，他正在呼呼大睡，幸運女神只好離開。這樣，機會一個又一個、一次又一次從他的身邊悄悄溜走了。

但是，我們還必須看到，我們所面臨著的每一次機會，只是為成功提供了一種可能性，而不是必然性，機會和成功之間並不是等號。

更重要的是，我們要看到，機遇不會自己送上門來，需要我們去爭取。就像狼，為什麼酷愛黑夜，原因在於黑夜為狼提供了機會，提供了成為強者的機遇。

對懶惰者而言，即使是千載難逢的機遇也毫無用處，而成功者卻能將最平凡的機會變為千載難逢的機遇。

機遇藏在哪兒？很多人不善於培養自己發現眼前機遇的習慣，總以為機遇遠在他方。成功發展者都是有心者，都習慣發現眼前的機遇，因為機遇是不會主動「暗送秋波」的。

在生活中我們常常會捨近求遠，到別處去尋找自己身邊有的東西。而往往的情況是，機遇就在您的腳邊，正確地講，是在你的眼裡、手裡。

「那天晚上碰到了不幸的『中美洲』號。」一位船長講述道，「天正漸漸地黑下來。海上風很大，海浪滔天，一浪比一浪高。我給那艘破舊的汽船發了個信號打招呼，問他們需不需要幫忙。情況正變得越來越糟糕。』亨頓船長朝著我喊道。『那你要不要把所有的乘客先轉到我的船上來呢？』我大聲地問他。『現在不要緊，你明天早上再來幫我好不好？』他回答道。『好吧，我盡力而為，試一試吧。可是你現在先把乘客轉到我船上不更好嗎？』我回答他。『你還是明天早上再來幫我吧。』他依舊堅持道。我曾經試圖向他靠近，但是，你知道，那時是在晚上，夜又黑，浪又大，我怎麼也無法固定自己的位置。後來我就再也沒有見到過『中美洲』號。就在他與我對話後的一個半小時，他的船連同船上那些鮮活的生命就永遠地沉入了海底。船長和他的船員以及大部分的乘客在海洋的深處為自己找到了最安靜的墳墓。」

亨頓船長在曾經離他咫尺，卻被他忽略了的機遇，變得遙不可及的時候才意識到這個機會的價值，然而，在他面對死神的最後時刻，他那深深的自責又有什麼用呢？他的盲目樂觀與優柔寡斷使得多少乘客成為了犧牲品！

其實，在我們的生活當中，又有多少像亨頓船長這樣的人，他們在最歡樂的時刻又是多麼地易受打擊，多麼的盲目，在命運的面前又是多麼的軟弱無力啊！只有在經歷過之後，他們才頓然清醒地明白那句古老的格言：機不可失，時不再來。然而，這時已經遲了。

正所謂「一失足成千古恨，再回頭已百年身！」

懶惰者在他們著手的事情上總是不能很好地把握時機，要麼是太早了，要麼是太遲了。在他們還是孩子的時候，他們就老是遲到，做家庭作業和交作業也總是比別人要晚。就這樣，他們遲到的習慣慢慢地養成了。到了成年以後，需要他們承擔責任的時候，他們才開始後悔，他們想如果能再回到從前，讓生命再來一次的話，他們一定會好好地把握住機會，也許他們還會有一個嶄新的明天。

他們又回憶起以前，自己曾經白白浪費了多少可以賺錢的機會，或是白白放過了多少可以彌補這些損失的機會，而現在卻是已經無法彌補了。他們懂得該如何在將來改善自己的生活，完善自身，或是幫助別人；然而，他們卻看不到此時此刻有什麼機會。他們永遠無法抓住機會，無法把握機會。

我們要像戰爭或和平時期所有的偉大領導者一樣，去創造出非同尋常的機遇，直至成為強者。對懶惰者而言，即使是千載難逢的機遇也毫無用處，而勤奮者卻能將最平凡的機會變為千載難逢的機遇。

# 機遇與強者的生命同在

有人說過，假如草原上沒有狼，草原民族可能會變成精神木訥的萎靡民族，這個後果必將影響到中原：也許華夏民族就不用修長城了，那麼華夏民族也可能早就徹底滅亡於沒有敵國外患的死水微瀾之中。

我們在談到各類成功人士的時候，一般會頻繁地提到一個名詞：黃金年齡。

究竟多大的歲數才算是發展乃至成功的黃金年齡呢？對於這一問題，估計沒有幾個人能給你一個明確的答案。十四、五歲是一個體操運動員的黃金年齡；二十六、七歲是一個足球運動員的黃金年齡；三、四十歲是一個作家的黃金年齡；四、五十歲是一個醫生的黃金年齡；五十多歲是一個政治家的黃金年齡；六、七十歲時，托爾斯泰不照樣寫出了震驚世界文壇的作品。而哈默，開始從自己的養牛業進軍石油業、買下了西方石油公司的時候，已經是五十八歲的人了。

上面說的這些都只是大概，如同世界上沒有絕對的事物一樣，「黃金年齡」也不是絕對的。對於發展而言，對於成功來說，只要你去做了，只要你一直在尋找著發展的機遇，那什麼時候也不會不晚。

有一位二十世紀六十年代的大學畢業生，上大學時她學的是經濟，畢業之後分配到政府部門的某個單位工作，每天上班、下班，喝茶、看報，就這麼一天一天地打發著日子。工作十多年了，一直是一個普普通通的公務員。

學經濟的她，有一個「業餘愛好」—文學創作。擔心別人知道說她「不務正業」，她晚上就在家裡偷偷地寫，偷偷地自己欣賞。自己寫得多了，欣賞得多了，她覺得自己寫得還行，於是就偷偷地寄到雜誌社。雖然幾經坎坷，但她的處女作《從森林裡來的孩子》還是在一家頗有影響的刊物上發表了，並獲得了當年的全國短篇小說獎。這時候，她就不再偷偷地寫了，因為再想偷偷地寫也不可能了。

處女作發表的這一年，她三十七歲。

一個對年齡再不敏感、再麻木不仁的女性，對於「三十七歲」這個年齡恐怕也不能不敏感不能不麻木不仁吧。畢竟，這已經不是一個小歲數了。

然而。她成功了！在文學創作領域，她獲得了巨大的成功。二十世紀八十年代，她又以長篇小說《沉重的翅膀》獲得茅盾文學獎。

我們無法瞭解她在獲得成功的時候，心裡會做何感想，但有一點可以肯定，早年，她開始偷偷地愛好文學，學著寫作的時候，她恐怕不會想到在她人到中年、一般人大都放棄許多想法的年齡，才發表她的處女作。

那一瞬間，她一定百感交激。

這位人到中年才發表自己處女作的女作家，就是中國當代著名作家張潔。

「人過三十不學藝」，古人的話不是讓我們三十歲就放棄學習，而是希望我們在青春年少時珍惜時間。

一個人的生理年齡，屬於自然規律，我們自然不能違抗。但是，生理年齡畢竟不是起決定作用的；況且，即使年齡大了，也不是就萬事皆休，還有很多可以去做的事情。

有這麼一個成功者：

他和妻子都是六十年代的醫科大學畢業生。畢業之後，他們被分配到在西北某城的一家國營醫院裡上班，兩口子為人正直，業務能力強。這時的他們，也就像我們千千萬萬個普通人一樣，過著平平淡淡平平常常的上班下班吃飯睡覺的生活。

很快，他們都是五十多歲的人了。照我們大多數人的想法，五十歲，該知天命了，再熬上三年五載，就要退休了安享晚年了！

其實，有這樣的想法並不奇怪，因為我們身邊的人，不大都是這樣過來的嗎？

然而，一次不公平的遭遇改變了他們的人生道路。

在中國，大凡能力強、技術高的人往往都有一個算不上毛病的毛病，即他們總是想著我是憑自己的能力吃飯，不願意與單位主管走得很近，再加上這類人大多恃才傲物，為人正直，所以這類人上司一般地都不怎麼買帳，跟上司的關係也就一般。

在中國目前的大環境下，即使是一些口碑較好的「領導（單位或部門的主管）」，也會做一些上不了台面的事情。這些事情，大家都心知肚明，私下裡也三言兩語常常議論，但，一般就是不說到會上、說到當面，所以這類事情「領導」做也就做了，誰也不會過於較真。誰讓人家是領導呢？誰又讓咱們不是領導呢？

他們兩口子是治療腦血管疾病的專家，能力自然是沒說的。所以，這時候他們那種中國傳統知識份子的拗勁兒就上來了，非得要跟領導較個真，非得要領導將那些上不了台面的事情拿到桌面上，並要領導同志對大家有個「說法」。

領導當時確實是給了個「說法」，但領導還是領導，你還得在他的手下吃飯。二十世紀八十年代末，他們所在的醫院進行「優化組合」，單位裡幾百號人，優化來優化去，獨獨就將能力出眾的他們倆人優化了。

一下子，五十多歲的人，倆人的飯碗都沒了。

飯碗沒了，這對當時的大多數中國人來說都是件大事，更何況他們已經那麼大的年齡。但他們並沒有被這次挫折所擊倒，好在當時的政策已經開放，他們就在自己原來醫院的對門開辦了一家私人診所。憑著良好的醫術和醫德，他們開始了新的人生。

現在，他們的企業已成為國內知名的私人企業，其標誌性的重頭產品，已銷往世界各地。其個人資產已經躍居中國私人企業的前列。

要知道，他們從開始創業到現在，不過只有十多年時間。

說起他們為什麼當初要將自己的診所開到原來工作的醫院對面，男主人在接受中央電視台《商界》欄目採訪時說，我就是要用我的成功給那些人看看，我不會被打倒！

客觀地說，這位強者是在我們大多數人認為人生該偃旗息鼓的時候才真正開始了自己的創業生涯。儘管是由於客觀環境所迫，但他的成功發展對我們那些患有「為時已晚」心理疾病的人來說，對那些早早就放棄了自己人生所有的理想與希望的人，對那些一到三四十歲就認為自己老了該想想以後的事情了的人，都是再好不過的一劑良藥。

對於人生來說，機遇是隨處都有的，幸運女神會光顧別人，自然也不會忘記了你。我們大多數人之所以總以為幸運女神對自己不公正，那是因為幸運女神來敲你的門時，你正好在呼呼大睡，沒有理會那個惱人的敲門聲。你與幸運女神就這樣擦肩而過，你與成功發展也就這樣遺憾地擦肩而過。

但如果是一個永遠都在尋找機遇的人，就不會是這樣。也許他曾經與幸運女神錯過了，但是他一直在苦苦尋找。幸運女神即使走到了天涯海角，他也發誓要將她尋找出來。幸運女神自然瞭解這一點，很快就會眷顧他。

他有可能從此成為強者。

## 機遇不等於成功

對於每一隻公狼來說，成為頭狼的機會都是均等的，但是，並不是每一隻公狼都可以成為頭狼。這其中有對機遇的把握，更重要的還要看每一隻狼的能力以及它是否採取行動。

機遇和成功之間不是等號，要將機遇「轉化」為成功，需要的是行動、行動、再行動！

在我們的生活中，常常能聽到這樣的抱怨聲：「為什麼別人有那麼好的機會，而我卻沒有？」其實，幸運女神對每個人基本上是公平的，只是有些人以為只要有了機會他就一定能夠成功，似乎他缺的只是機會、機遇。

其實，機遇和成功之間不是等號，要將機遇「轉化」為成功，需要的是行動、行動、再行動！

我們承認一個人要取得成功，的確需要一定的機會。即使社會發展到了今天，人類的創造能力已經到了一個基本可以自如發揮的程度，一個人要取得成功，也仍然需要的一定的機遇。無論是在競技體育場上，在平常的工作崗位上，在商界，在企業界，在文學藝術界，等等，都是如此。所以，雖然說「是金子一定會發光的」，但我們仍然要承認機遇在一個人邁上成功之路過程中的重要性。

但是，我們還必須看到，我們所面臨著的每一次發展機會，只是為成功提供了一種可能性，而不是必然性，發展機會和成功之間並不是等號。

一九九九年，在一次中國企業聲譽調查中，北京的大型電腦企業—聯想集團被認定為中國聲譽最高的五家企業之一，僅次於海爾集團列第二位。不光是在中國，在整個亞洲地區，聯想集團也是最大的三家個人電腦企業之一。而這家俱有如此影響的企業其歷史只有短短的不到二十年時間。

電腦行業當時完成個新興的行業，即使在美國，電腦的發展尤其是電腦的迅速普及也不過二、三十年時間。由於電腦給人類帶來了又一次革命，這個行業所蘊藏的商機是顯而易見的。這個商機，是給每一個人的，並不單單是給柳傳志一個人的。

在柳傳志開始創業的一九八四年，柳傳志的名字普通得就像我們今天在交際場合遇到的「經理」一樣普通，普通得不忘記都不行。可今天，是柳傳志和他的聯想集團成了中國民族電腦企業的象徵。

在聯想集團的成長史上，經歷了兩次大的產業結構調整，而這兩次大的調整，都給聯想帶來了飛速的發展。也就是說，聯想公司成立後，在她的發展過程中，有過兩次發展契機，聯想集團都抓住了，柳傳志都抓住了。

第一次調整發生在一九八八年，當時中國的電腦市場還處於開發階段，市場上也沒有主導產品與品牌。當時聯想公司決定與外國公司合作推廣外國的品牌電腦。經過對市場的分析與調查，聯想公司的決策層決定將市場定位於電腦板卡的開發、研製方面；同時他們準備與外國某些著名的電腦製造商談判，爭取成為這些公司在中國的總代理。聯想公司透過代理銷售與市場開發，形成了在中國市場的銷售規模，同時還為自己以後的發展積累了一定數量的資本，建立了公司的整個市場行銷系統，學習到了外國電腦企業和公司對電腦整機的開發技術。這一年，聯想公司與香港一家電腦公司合資成立了香港聯想電腦公司，其中聯想佔有五十四%的股份。柳傳志當時之所以這麼做，是想依靠自己的技術優勢和香港方面的市場優勢，將這方面結合起

來。事實上他們成功了。在中國和香港市場，聯想集團取得了全國中文卡市場的五十％以上的佔有率。此後，聯想集團數年都成為在中國銷量最大的微機公司。

如果說，第一產業結構調整帶有一定的被動性的話，那麼，第二次產業結構的調整則完全是主動出擊。隨著聯想集團的飛速發展，國外許多公司都把聯想集團當成了重要的競爭對手。柳傳志認識到必須進行第二次調整，否則就沒有出路。

面對新的國際化和多元化格局，聯想集團的規模和業務範圍不斷擴大，人員增多，經營區域急劇增加。這時，集團就出現了一些新的問題，如原來的職能式管理結構已經難以適應新的情況，公司的集權式科層管理也難以對世界各地的各種業務領域出現的新情況作出及時正確的反應。

因此，聯想集團決定改革公司的組織結構，調整集權與分權的關係，確立「多中心」的公司發展模式，把「大船結構型」組織模式改變為「艦隊結構型」組織模式，設立事業部編制。集團總部主要對公司的發展方向、發展戰略、投資收益和重大的投資專案進行決策，對主要經理人員、財務負責人和科技開發負責人進行直接控制，而其他的經營權都下放給事業部。各事業部都擁有相對獨立的決策和經營權。事實證明，聯想集團的這一步又走對了，第二次發展機會他們也沒有放過，他們抓住了機會，成功了。

如果聯想集團也像我們社會的大多數企業、公司一樣，沒有抓住了二十世紀八十年代時代給予中國的第一次機會，沒有抓住了二十世紀九十年代初的那一次產業結構調整的機會，恐怕至今也沒有幾個人知道聯想集團，更不會有人瞭解「柳傳志」這個名字。

作為現代人，面對機遇，不敢選擇，不敢嘗試，的確意味著巨大的失敗；同樣，面對機遇，我們敢於嘗試，敢於拼搏。但是，由於我們自身的原因不能抓住發展機遇，任機遇從我們身邊溜走，這也是人生的一種失敗。這樣的人永遠成不了強者。

# 機遇不是命運拋給強者的纜繩

狼是草原的主人，是草原上能「適者生存」的強者。無論在多惡劣的環境下，牠總能找到活下去的方法：一位獵人在狼窩裡抓到了一隻小狼，用鐵鏈將它拴在空地上，到了草原的枯樹季節，人畜用水都成問題，自然不可能給小狼水喝。為了躲避驕陽，小狼無師自通地在地上用爪子刨了一個洞避暑，頑強地活了下來。

把你的臉孔直接對著陽光，這樣你就不會見到陰影。

一個人，要想成功的確需要有一定的機遇。

的確，茫茫的人海，紛亂的世界，世上的各行各業，到底哪一片藍天屬於你自己？你的那一方天地到底在哪裡？這需要我們去尋找，去尋找屬於你的那一方藍天，那一片土地。即使你找到了這片藍天，這方土地，如果沒有合適的社會環境和人文環境，你的關於發展想法也未必能夠實現。古今中外，這樣的例子數不勝數。

一個人能在眾多的競爭者中脫穎而出，成為強者，固然依賴於個人的不懈努力和一個社會良好的成才環境，但是，即使在一個極其有利於人才成長的社會中，也難免會滋生出個別有意無意扼殺人才的小環境。如果你立志成才，卻恰好就在這樣的小環境中生存著，這時候，你要想成功，你就要付出更多的努力，因為你除了在你自己的事業上謀求進取之外，同時還要時時注意不能被環境所埋沒。

歷史上有很多被時代埋沒的傑出人才，即使在今天，我們也會聽到、看到甚至遇到些暗投的明珠。如國畫大師黃秋園，如作家王小波……這些人，儘管生前寂寂無名，所幸的是還是於死後終於被人們發現了，證明了他們的價值，那麼，那些沒有被人們發現的、至今仍被塵封的「大師」們，有可能他們會永遠寂寞下去，這樣的人才不是更不幸嗎！

一個人、尤其是像梵谷、黃秋園、王小波這樣的作家、藝術家，生前屬於「無名之輩」，甚至到了連發表作品都難的程度，而死後人們才突然發現他們的價值所在。雖然被發現總比一直沉寂著要幸運一些，但是，這對任何一個渴望成功發展的個體生命來說都是一件十分殘酷的

事情。同時，也會對瞭解他們、至今仍然奮鬥著的人們產生災難性的心理影響。

對於一個渴望成功的人來說，僅有成功的能力是遠遠不夠的，還需要學習和掌握在環境中如何生存、突圍的能力，要學會反「埋沒」。也就是說，你要尋找機遇，使自己成功。

但是，無論你採取什麼樣的反「埋沒」的策略，最關鍵的還在於你的人生態度：要取得成功，絕不能「聽天由命」。當然，如果你身懷絕技又甘願終生默默無聞，也未必就是一種消極的人生態度。不過，如果真的身懷絕技卻由於屈服於環境的某種消極因素而不得不默默無聞，這就不能不說是一種消極心態了。

我們知道，美國前總統佛蘭克林・羅斯福小時候是一個脆弱膽小、長著一對暴牙的小男孩，他的臉上總是顯露著一種驚恐的表情。他呼吸就像喘氣一樣，如果被喊起來背誦，他立刻就會雙腿發抖，嘴唇顫動不已，回答問題含糊且不連貫，之後就頹唐地坐下來。

像羅斯福這樣有著明顯的生理缺陷的人，在美國那樣的社會要取得成功，其難度是可想而知的。但是，他就是不聽天由命，不聽從命運的安排。他不因自己的缺陷而氣餒，甚至將他的缺陷加以利用變成資本、變成扶梯而走到了成功的巔峰。在羅斯福的晚年，人們常常會忽略他生理上的缺陷，他成為美利堅合眾國歷史上一位最得人心的總統之一。

羅斯福的成功是神奇偉大的，然而造物主加在他身上的缺陷又是何等的嚴重，但他就是不聽從命運的安排，毫不灰心地幹下去，終於沒有被埋沒。羅斯福的成功主要就在於他的智慧和他的努力奮鬥。

羅斯福使自己成功的方式是何等簡單，然而卻是何等的有效！這是每個人都可以做的。

原籍中國廣東的泰國華僑、亞洲最大的富翁之一、泰國的頭號大亨、泰國盤谷銀行的董事長陳弼臣，其父親只是泰國曼谷某商業機構的一名普通秘書。陳弼臣兒時被父親送回中國接受教育，十七歲那一年因家境貧困被迫輟學。返回曼谷後，陳弼臣做過搬運夫、售貨小販以及廚師，同時還做過兩家木材公司的司賬，日子就在他精打細算地盤算中度過。

四年之後，陳弼臣終於從一家建築公司職位低微的秘書，晉升為部門經理。後來，在幾位朋友的贊助下，他集資創辦了一家五金木材行，自任經理。經過苦苦的奮鬥，存了一些錢後，陳弼臣又接連開了三家公司，致力於木材、五金、藥物、罐頭食品以及稻米的外銷業務。當時，泰國被日本佔領，陳弼臣的生意可想而知。但是，陳弼臣一邊抗日，一邊做生意，業務在他的勉力下卻漸漸興隆。

一九四四年底，陳弼臣與其他十個泰國商人集資二十萬美元創立了盤谷銀行，職員僅僅二十三人。銀行正式營業後，陳弼臣經常與那些受盡了列強凌辱、被外國大銀行拒之於門外的華裔小商人來往。儘管那些貧窮的小商人時常突如其來地闖進陳弼臣的家中，但仍然受到陳弼臣的禮遇。

關於這一點，陳弼臣後來說：「在亞洲開銀行是做生意，不是只做金融業務。當我判斷一筆生意是否可做時，只觀察這個顧客本人，他的過去和他的家庭狀況。」

陳弼臣最初負責銀行的出口貿易，因此與亞洲各地的華人商業團體建立了廣泛的聯繫，並且積累了豐富的業務知識和經驗，大大推進了盤穀銀行的出口業務。在他出任盤谷銀行的總裁後，一直是這家銀行的中流砥柱。

經過多年的艱苦奮鬥，陳弼臣已跨進亞洲的最大富翁之列。

陳弼臣的成功史，其實是一部白手起家的創業史。他沒有繼承祖業，也沒有飛來的橫財，他經過苦苦地尋覓，找到了屬於自己的哪一片藍天，自己的那一方土地，找到了發展自己的發展機遇。這一切都是他不聽任命運擺弄的結果。

所以，即使在人類社會大環境正在為人才提供著越來越多的脫穎而出的趨勢下，為了我們不被埋沒，我們要尋找發展的機遇，但就是不能聽天由命！

## 對強者而言，機運無所不在

狼是一種非常有耐心的動物，但是，一旦發現了獵物，狼會馬上採取行動，毫不猶豫地撲上去，決不拖延。

時間是上帝送給我們的禮物，但他要我們以生命作為代價！

在我們的生活中，在我們的周圍，隨處可見渴望成功的人。

是啊，誰不希望自己成為強者呢？

但是，我們在生活聽得最多的話之一，恐怕就是「明天再說吧！」「這些事情明天再做吧！」之類，似乎「明天」無限。其實，上蒼在這方面是十分吝嗇的，他給我們的「明天」並不多。

在我們這個地球上，我們的世界上，我們的社會裡，有許多不公平的事情，但是有一點上帝是大概公平的，即他給我們每個人的一生的壽命大致相當，而且，每一天都是二十四小時。儘管如此，人世間仍有著許多的不公平。同樣是人，同樣活了一輩子，同樣的一天二十四小時，有的人成就卓著，富甲天下，而有的人卻一事無成，一貧如洗。

一個人能否成功，其因素是多方面的，但一個重要的方面，是你對待時間的態度。成功的人，惜時如金，恨不能將一小時當作十個小時使用；而總是失敗的人，揮「時」若土，以為時間是上帝白送的禮物，任由時間如流水般從身邊匆匆流走。

的確，我們擁有過去，我們也擁有將來，但是我們永遠生活在現在。「現在」正是我們成功發展的時候！而無論你「現在」是二十歲，五十歲，抑或六十歲，你都可以成功！

阿曼德・哈默十六歲那一年，他看中了一輛正在拍賣的雙座敞篷的舊汽車，但是這輛車標價為一八五美元，這個數字當時對哈默來說是個「天價」。儘管如此，他仍然抓住機遇不放手，向當時在藥店裡送貨的哥哥哈里借錢，買下了這輛車，並用它為一家商店送糖果。兩周以後，哈默不僅按時將錢如數還給了哥哥哈里，自己還剩下了一輛車。

一九二一年，哈默在經過漫長的旅途以後，來到了當時的蘇聯。哈默在蘇聯考察中發現，這個國家的確是地大物博、資源豐富，但人們卻一直在餓著肚子。為什麼不出口各種礦產去換回糧食呢？哈默直接向列寧提出了建議，並很快得到了列寧肯定的答復，於是哈默取得了在西伯利亞地區開採石棉礦的許可證，從而成為第一個在紅色蘇聯取得開礦權的外國人，美蘇之間的貿易也就從哈默開始拉開了序幕。哈默通過他後來在莫斯科建立的美國聯合公司溝通著三十多個國家美國公司同蘇聯做生意。

一個偶然的發現，使哈默產生了在蘇聯辦鉛筆廠的念頭。

有一天，哈默走進了一家商店想買一支鉛筆，但商店裡只有每支售價高達二十六美分的德國進口貨。於是，哈默拿著鉛筆去見蘇聯主管工業的人民委員會委員克拉辛，說：「您的政府已經制定了政策，要求每個公民都得會讀書和寫字，而沒有鉛筆怎麼辦呢？我想獲得生產鉛筆執照。」

克拉辛答應了他的要求，於是他以高薪從德國請來了技術人員，從荷蘭引進了機器設備，在莫斯科辦起了鉛筆製造廠。到了一九二六年，他生產的鉛筆不僅滿足了蘇聯全國的要求，而且出口到包括中國在內的十幾個國家，哈默從中獲得了百萬美元以上的利潤。

二十世紀三十年代哈默從蘇聯返回美國後，他做成了著名的「酒桶生意」，大賺了一筆。

第二次世界大戰期間，美國人民的生活有了顯著的提高，吃牛肉的人越來越多，但優質牛

肉在市場上卻很難見到，哈默又抓住時機，迅速籌集資金在自己的莊園「幻影島」上辦起了一個養牛場，他花十萬美元的高價買下了上個世紀最好的一頭公牛「埃里克王子」，從此，「埃里克王子」像個搖錢樹，為哈默賺了幾百萬美元，而哈默也從此由一個門外漢一變而成為牧場行業公認的領袖人物。

哈默從養牛業得到的興奮與競爭的刺激消失後，他自認為自己的實業已經做得夠久了，他打算從商界引退，好消磨其餘生，但來自石油業的誘惑又將他征服了，他又開始了「人生始於六十」的新的生活。這一年，哈默五十八歲。

幾經周折，哈默買下了只有四萬四千美元資產、三名雇員和幾口將要報廢的油井的西方石油公司。該公司當時正處於風雨飄搖、瀕臨倒閉的困境之中，但哈默對自己的選擇卻抱有堅定的信念。他從一些大的石油公司物色到最好的行家高手，就和當時十幾家實力雄厚的公司展開了競爭，但他花幾百萬美元鑽出的前三口井都是被一些「專家」宣佈為枯井。哈默在被宣告「死刑」的枯井繼續架起了鑽機，終於鑽出了兩個生產高級原油的新油井。加上他原有的一些其他企業，到了二十世紀七十年代，他終於達到了一個企業家夢寐以求的頂峰！

哈默成功的例子說明，要想成功，年齡再小都算不早，年齡再大也不算晚。只要能抓住「

現在」，從「現在開始」去創業，你就能有一個有意義的人生。

把握時間，把握現在，就把握了人生，把握住了成功。

「現在」正是你成為強者的時候！

# 強者總是能從不可能中尋得可能

狼是肉食動物，但是遇到食物短缺的時候，狼為了維持自己的生命，可以說什麼都吃，瀨子、地鼠、腐肉……等等。也許就是因為這個原因，狼成為草原上的主宰。

無論是個人、團體，還是國家，誰能激發產生出源源不斷的新的創意，誰就會興旺，繁榮，富強。世界上常常有這種情況，一般人看起來不可能的事情，認為辦不到的事情，只要稍微動一下思想，改變一下思路，就會發現成功原來隱藏在不可能的背後。

競爭就是戰場，戰場上沒有誰對誰錯，只有勝利者和失敗者，戰鬥就是其生存邏輯。凡是在人生實踐上取得成功的人，他們有著一套獨特的生存哲學，透視出的生存法則有著強烈的魅力色彩，但卻少為普通人所知。而未來十年，將是國民經濟高速發展的時期，也是財富的快速積累時期，我們也需要簡潔適用的思維方法。只有通過智慧的思考，才能實現致富的夢想。

在這個世界上，真正的財富是新的設想，真正富有的人是那些願意按新想法去工作的人。富有並不在於擁有多少奢侈之物，例如轎車、住宅等私人財產，這些東西只是富有的一種標誌，而導致富有的是那些有實用價值的新設想。無論是個人、團體，還是國家，誰能激發產生出源源不斷的新的創意，誰就會興旺，繁榮，富強。

有一家效益相當好的大公司，決定進一步擴大經營規模，高薪招聘行銷主管。廣告一打出來，報名者蜂擁而至。

眾多應聘者接到的並不是什麼繁複的面試，而是一道實踐性的試題：把木梳賣給和尚。絕大多數應聘者困惑不解，甚至憤而慨之：出家人剃度為僧，需木梳何用？豈不是神經錯亂，拿人尋開心嗎？沒多一會兒，應聘者三五成群接連拂袖而去。

偌大個場地上，最後只剩下三個應聘者：小王、小孫和小錢。

負責人對剩下的這三個應聘者交待：「以十日為限，屆時請各位將銷售結果向我彙報。」

十日的期限轉眼就到了，三位應聘者如期回到公司作彙報。

小王講述了自己銷售期間的辛苦以及受到眾和尚的責罵和追打的委屈。但皇天不負有心

人，在下山途中小王遇上一個正在太陽下使勁撓頭皮的小和尚，他頓時靈機一動遞上木梳，小和尚用後滿心歡喜，就買下了一把。

負責人問小孫：「那麼你賣出多少？」小孫答：「十把。」

小孫去的是一座名山古寺，由於山高風大，進香者的頭髮都被山風吹亂了，他找到寺院的主持說：「蓬頭垢面是對佛的不敬。應該在每個香案前放把木梳，以供善男信女禮佛前梳理鬢髮。」主持採納了他的建議，買下了十把梳子。

最後是小錢，他的答案是一千把，負責人大為驚奇，連忙問他整個過程。

原來小錢去了一個頗具盛名、香火極旺的深山寶剎，那裡朝聖者如雲，施主絡繹不絕。他給主持提了個建議：凡來進香朝拜的人多有一顆虔誠之心，寶剎應有回贈，以做紀念，保佑其平安吉祥，鼓勵其多做善事。我有一批木梳，您的書法超群，可先刻上「和善梳」三個字，然後便可做贈品。

小錢還給主持出主意：不妨辦一個首次贈送「積善梳」的儀式，隆重其事，讓香客感受到一種尊重和善意。主持聽了大喜，即時決定買了小錢所有的梳子，並邀請他留下來幫忙組辦贈送梳子的儀式。

至於誰是最後的勝出者，這個自然不言而喻。這個故事是真是假，也不甚重要。重要的是小錢的開放思維和迂迴策略是不是可以給我們的生活和工作帶來一些啟迪呢。

人們總是這樣，一旦形成了習慣的思維定勢，就會習慣順著定勢的思維思考問題，不願也不會轉個方向、換個角度想問題，這是很多人的一種遇頑的「難治之症」。

世界上常常有這種情況，一般人看起來不可能的事情，認為辦不到的事情，只要稍微動一下思想，改變一下思路，就會發現成功原來隱藏在不可能的背後。

# 強者同樣的錯誤絕不犯第二次

狼是一種聰明、狡猾的動物，只要在某個地方受到了挫折，這絕對是第一次，也是最後一次，而且，牠還會將自己的教訓講給他的同伴與牠們分享經驗。

任何一個人的成功之路，都不會是完全筆直的，都要走些彎路，為成功付出代價。這代價就是失敗。

成功者也會失敗，但他們之所以是成功者，就在於他們失敗了以後，不是為失敗而哭泣流淚，而是從失敗中總結出教訓，並從失敗中站起來，發憤上進，於是，成功就接踵而來。

但失敗者則不然，他們失敗之後，不是積極地從失敗中總結教訓，而是一蹶不振，始終生活在失敗的陰影裡。他們可能也會「總結」，但他們的總結只限於曾經失敗的事情：「我當初要是不那麼做就好了」，「開始我要是如何做就不會失敗了」……「要是」、「如果」之類的詞是失敗者的口中出現頻率最高的。

自怨自艾、懊惱不已、後悔不迭，這些他們都會做。他們唯一不會做的就是既然已經失敗，那就從頭再來。對於這些人，「失敗」連交學費都算不上，因為交了學費總能學點東西回來，他們卻兩手空空，甚至還不如兩手空空。

有一位股票投資者，做了十多年股票。由大戶做到中戶，由中戶做到了散戶，到最後連散戶大廳也不做了，因為他「不玩股票了」。

他之所以「王小二過年，一年不如一年」的原因，就在於他的心態。據他後來說，他買的任何一種股票，其實都可以賺錢，甚至可以賺大錢，但他總是賠錢出來。原因在於，他買了一隻股票，沒過多久就上漲了，但他捨不得將其拋出，想著既然漲著我幹嘛要賣，說不定還能再漲個十塊八塊的。

的確，他買的的股票有漲十塊八塊的，但他還不拋出，心想說不定還能再漲二十、三十的。確實也有如他的願的，可是他還是不拋出。但股票市場，有上漲必然就有下跌。股票開始下跌了，他仍賺著錢，但他還不會賣出，原因是既然我六十元都沒有賣四十元我幹嘛要賣，就這樣

把帳面上賺的錢一點一點地又還回了市場，直到下跌到將其深度套牢。一直套到他心裡承受不了了，這時候，他就再坐不住了：說不定這只股票還要跌。於是就割肉殺出，直到把自己的家底賠完。

如果一次兩次倒還罷了，問題他每一次都是如此。他常常想，某某股票我要是五十元拋出，就能賺多少多少……他就是不想下次我吸取教訓，下次他還照樣。所以，在股票市場上，他敗得一塌糊塗。

人不怕失敗，因為人人都可能失敗。失敗了，總結教訓，從頭再來，你總會有成功的那一天。如果你只是一味地自責、懊惱，活在失敗的陰影裡，實際上於事無補。

每個人都可能成功，每個人也都可能失敗。即使你是成功者，你也不可能一直是一帆風順的，在你取得成功之前，你也曾經歷很多次失敗，或大或小。即使你是一個偉人，你也不例外。

愛迪生在經歷了一萬多次失敗之後，發明了電燈。

失敗並不可怕，因為「失敗是成功之母」，但我們卻不能因此便習慣失敗，把失敗不當一回事兒，不從失敗中尋找原因。

的確，失敗並不可怕，可怕的是，每一次你失敗後，並沒有讓失敗付出代價。

沒有讓失敗付出代價，那麼，你下一次還會失敗。

和成功一樣，每個人失敗的具體原因也不會完全相同。但是，人畢竟是人，總有些東西是相同相通的。有些是造成失敗最為常見，而且也是最具破壞力的失敗的原因。仔細地反省自己，當發現在你身上曾出現過任何一種原因時，不要太過地自責，因為誰都可能失敗，要做的事情是分析這些原因，找出解決問題的辦法。

所以，西方有句諺語：不要為打翻了的牛奶而哭泣。

牛奶已經打翻了，再怎麼悲傷的哭泣也無濟於事，牛奶不會再跑回盤子裡。但如果因為今天打翻了的這盤牛奶，我們以後再不打翻牛奶，不再犯類似的錯誤，即使打翻一盤牛奶也值得。

其實，在發展的過程中，有很多人都會犯這樣那樣的錯誤，也就是說，都會在不同的程度上遭遇失敗。失敗並不可怕，可怕的是失敗了之後沒有經過認真總結而繼續失敗。一個渴望自己真正在人生事業方面有所發展的人，就會從失敗中找出原因，不再犯同樣的錯誤，不要再打翻牛奶，他就會成為一個成功的人。

在這一方面，美國心理學家謝靈頓是一個很好的典範。

謝靈頓年青時曾經是一街頭惡少，人們稱他「壞種」。開始，他並不以為恥，毫無悔過之心。可是有一次，他向一位他深深愛慕的擠奶女工求婚，那女工說：「我寧願投河淹死，也絕不嫁給你這惡少！」

謝靈頓因此無地自容，羞愧萬分，從此幡然悔悟。他發誓：將要以輝煌的成就出現在人們面前。於是他懷抱發憤的志向，悄悄離開了那位姑娘，也徹底埋葬了舊我。由於他刻苦鑽研，在中樞神經系統生理學方面碩果累累，先後在英國多所名校任教，一九三二年獲諾貝爾生理學、醫學獎。

謝靈頓的確打翻過牛奶，犯過錯誤，他肯定也自責、懊惱，但他沒有將自己的一生都用於自責和懊惱上，而是用行動證明了自己：

我絕不會在同一個地方摔倒兩次！

這才是一個強者應有的態度！

# 在行動中成為頭狼

在狼的世界裡，一切是靠公平競爭出來的。頭狼不是狼群選舉出來的，更不是「走後門」靠關係的結果，要成為頭狼，救必須靠勇氣、靠博命、靠打拼、靠行動、靠智慧。

「做」是一件事情成功的關鍵所在，也就是我們平常所說的行動是化目標為現實的關鍵。

的確，人生偉業的建立，事業的發展，不在於能知，而在於能行。

雖然行動並不一定能帶來令人滿意的效果，但不採取行動是絕無滿意的結果可言的。

行動是件了不得的事，它也只有它能夠使我們的人生目標變為現實。

如果沒有行動，那麼，我們的幻想毫無價值可言，我們的計畫也不過是一堆廢紙，我們的人生目標也不可能達到。

一張地圖，無論繪製得多麼詳細，比例尺有多麼精密，但它不能帶給他的主人在地面上移動哪怕一寸。一部法典，無論它多麼的公正，但它絕不能預防罪惡的發生。一本教你如何成功的經典，無論它寫得如何精彩，但它絕對不會給你賺回一分錢來。只有行動，才是你成功的起點，才能使你的幻想、你的計畫、你的目標，成為一股活動的力量。行動，才是滋潤你成功的食物和水。

在我們的地球上，每天都有成千上萬的人把自己辛辛苦苦、苦思冥想出來的新構想取消或者埋葬，因為他們拖延著，不敢行動。過了一段時間，這些構想又會來折磨他們。

客觀地說，我們身邊的大多數人其實都想成功，很少有人願意我離窩囊地活著，但是，真正成功的人卻畢竟是少數，因為大多數人只是有這樣那樣的想法，並沒有將計畫付諸於行動。他們拖延著，幻想著，人生就在這幻想與拖延中蹉跎。

拖延是恐懼失敗的產物，你要想征服恐懼，只有毫不猶豫地起來行動。只有行動，你心裡的恐懼才會一掃而光。

你不能逃避，把今天的事情拖到明天去做，因為，明天其實是永遠也不會來臨的。所以你今天就要做完今天的事情，即使行動不會使你快樂，也可能行動並不一定使你成功，但是，行動起來而失敗總要比坐而待斃好。

成功的快樂可能不是行動所摘下來的果子，但是，如果沒有行動，所有的果子都會在樹上爛掉。

所以，你要時時記住，要成功，只有起來行動。

當失敗者想休息的時候，你就去工作。

當失敗者仍在沉默的時候，你就去表現。

當失敗者說太遲了的時候，你已經做好了。

要想使你宏偉的計畫不是永遠停留在紙上的藍圖，你就用行動把它變為現實。下面的兩種方法，提醒你在實施行動的時候使用，它可能會給你的行動帶來一些益處。

① 切實執行你的計畫，以便發揮它的價值，不管你的計畫多麼周密，創意多麼新穎，除非身體力行，否則永遠沒有收穫。

② 執行你的計畫時心裡要平靜。天下最可悲的一句話就是，我當時真應該那麼做卻沒有那麼做。每天都能聽見有人說：「如果我當時就開始做那筆生意，早就發財了！」或者「我早就料到了，我好後悔當時沒有做！」真可惜天下沒有賣後悔藥的。一個好的計畫或者創意如果

真的胎死腹中，真的會叫人嘆息不已，永遠不能忘懷。如果真的徹底實施，當然會帶給你無限的滿足。

你現在有沒有一個好的目標，如果有，現在就行動，馬上。

# 第四篇

# 只要夠堅持就能夠捕到獵物

——不屈不撓，忍辱負重

## 像狼一樣善於利用周邊條件

在草原上，狼是最有耐心尋找和等待機會的戰神，每抓住一次機會，就非得狠狠地把它榨幹、榨成渣不可。這也是狼最可怕之處。

大自然也很棘手、很難對付，但它永遠不是有意和惡意的，任何受過教育、能幹、自力更生、埋頭苦幹、深謀遠慮、並有一定福份的人都能夠駕馭它、使用它。

我們現在也常常看到有些學校經常帶領學生去野外進行野外求生的課目，但是，很多情況下，都是帶著罐頭、速食食品、鍋碗瓢盆、瓦斯爐……，等於一次野外炊事活動，根本達不到訓練生存能力的目的。

如果把一個人放在沒有人煙的地方，獨自一人去謀求生存，那就需要真正的生存智慧。這種智慧就是對自然環境的充分利用，用現代社會科學的術語來說，就是具體情況，具體分析，具體問題，具體對待。用通俗的話來說，就是到什麼山上唱什麼歌。

十九世紀英國作家笛福創作的《魯濱遜漂流記》不僅給我們講了一個人的奇遇故事，而且給我們展現了一個人的生存智慧。

約克郡水手魯濱遜，因海難船員死光，只剩自己孤身一人，在靠近俄利諾科大河河口一個荒無人煙的小島上生活了二十八年之久，創造了人類生存的奇蹟。這是一個富於冒險精神的年輕商人「真正的」生活和冒險史。

魯濱遜漂流到一個小島上，該島確實荒無人煙，但卻擁有相當可觀的自然資源，有大量野生但可以馴養的動物，甚至還可能遇到有用的土人。魯濱遜應用社會文明給予他的各種工具，包括教育、發明才能和技術，還有更具體的鐵、種子等東西，創造了豐富多彩的幸福生活。

這已經不是古老意義上的冒險故事了。在讀這個故事人們每一步提出的問題不是「接下去他命運如何？」而是「接下來他做了些什麼？」它強調的重點不是神奇可怕的偶然事件：機智有效的創造活動。

在這裡，人自始至終佔主導地位，大自然是他進行創造的原料，而不是他膜拜的神。有時候大自然也很棘手、很難對付，但它永遠不是有意和惡意的，任何受過教育、能幹、自力更生、埋頭苦幹、深謀遠慮、並有一定福份的人都能夠駕馭它、使用它。作者描寫了魯濱遜為保存一切可以使自己生存下去的東西，作出了超出常人的努力，他根據預見到的天氣變化和突然事變之虞而儲存了充夠的糧食，你簡直很難想像出一種更加完善的方式來表現原始資本主義積累，怎樣依靠自己的勤儉和佔用他人財產，建立起它的小資產的核心，並且發展起實用的新教作為它的理論基礎。

本世紀英國文學史家艾倫認為《魯濱遜漂流記》其實是描寫了一種普通人的經歷感受的寓言故事，因為我們都是魯濱遜，像魯濱遜那樣具有孤獨人的命運。

在某一點上，艾倫把魯濱遜看成是人類的象徵，這是由於他生活在西方的緣故：他所認識的人類就是以英國人為代表的西方人，以生產資料私有制為基礎的西方現代化經濟，促進國民財富，是以個人主義倫理觀和自由主義經濟觀為其基本信條的。

在這部傑作中，笛福毫不猶豫地選擇了上升階段的資產階級一切進步因素的基本核心——他們領導人類征服和利用自然的偉大鬥爭的能力——作為他的主題。這正是他的高明之處。笛福曾把《魯濱遜漂流記》解釋成是自己一生的寓言，不論這種說法是當真還是戲言，魯濱遜精神卻是他熱忱歌頌的時代精神。笛福以魯濱遜比喻自己，恰恰說明他心目中的價值尺度。

的確，笛福自己有著和魯濱遜一樣的進取精神、樂觀態度和征服能力。早年，父親希望他這個長子能當個牧師，但是笛福後來在談到自己希望以經濟而不是以政治作為寫作內容時說：「商業是我真正喜愛並準備從事的行業。」

作為一個企業家，他具有風險意識和實幹精神，他做過磚瓦廠老闆，經營過襪子批發和菸酒進口，從事過航海保險業，一生發財、破產反覆十三次。今天，這種不斷破產而又重新發財的經歷在美國和歐洲的百萬富翁中仍屢見不鮮。這樣的企業家，乃是市場經濟大潮中的弄潮兒，正由於他們競爭、拼搏，社會經濟生活才生機盎然、充滿活力。

概括起來，魯濱遜的生存智慧，首先就是面對絕境而具有一種樂觀精神；其次便是他的獨立精神，依靠自己，不抱幻想，積極進取，自謀生路；第三，就是懂得充分利用環境資源，征服自然界，使其為自己生存服務；第四，與周圍的一切和諧相處，這是魯濱遜能夠生存的智慧表現。

## 學會了忍耐就學會了生存的第一步

在野生動物中，狼的體力、耐力是最好的，為了一次成功的捕獵，它們可以一連好幾天頂著烈日，頂著刺骨的寒風，不吃任何東西，靜靜等著機會的出現。

其實，在某些特定時刻，你只有敢於捨棄，才能保證自己生存，能夠生存才有機會獲取更長遠的利益。

我們很多人都可能讀過這樣一篇寓言故事：

有弟兄兩人，老大貪財，成為財主；老二勤儉，卻過著貧窮的日子。可是有一天，老二意外地遇到了一隻神鳥，把他馱到了太陽山，那裡有無窮無盡的寶藏，老二隻拿了一點就走。光這一點就已經使他過上了好日子。老大知道了這件事情，他也去找到神鳥，要求馱他去太陽山，神鳥答應了，就把他馱到太陽山。他看見漫山遍野的寶藏，就企圖全部拿回去，什麼都捨不得丟下。雖然，神鳥提醒他，如果不放棄這些財寶，他就要被太陽發現，難以活命。但是，貪心使他放棄不了這些財寶，結果，太陽回來了，老大被燒死在太陽山。

這個寓言本來是批判社會生活中那些貪得無厭的人，肯定勤勞知足的勞動者。但是，也可以從中感悟強者的生存法則。

在我們的生活中，遇到危險，首先應該考慮怎樣生存，其他的一切都應該懂得放棄，只有放棄，才能保證生存。中國古代早就流傳這樣一句話：留得青山在，不怕沒柴燒。這句話就是叫人知道應該放棄，才能最終有所收穫。

印度有個小男孩一個人上山砍柴，在荒山野嶺被毒蛇咬傷了腳趾。在毒液剛擴散，離醫院較遠的情況下，男孩毅然用鐮刀吹斷了傷趾，忍著傷痛，硬是撐到了醫院，結果因砍趾及時，保住了生命。

一餐廳服務員端著託盤在顧客中行走，因不小心與顧客碰了一下；導致託盤不穩即將傾倒，這時候，服務員果斷地將傾斜的託盤投向了自己，結果弄得自己一身果汁，而顧客卻安然無恙，此舉被老闆看在眼裡，不久這位服務員被提升為餐廳經營部經理。

這兩則小故事有著一個共同點，那就是學會放棄也許會改變你的命運。小男孩果斷地捨棄腳趾，以短痛換取了生命；服務員果斷地把即將傾倒的託盤投向了自己，才保住了顧客的利益，以小失換取了事業的轉折。

其實，在某些特定時刻，你只有敢於捨棄，才能保證自己生存，能夠生存才有機會獲取更長遠的利益。即使遭受難以避免的挫折，你也要選擇最佳的失敗方式。

成功往往蘊含於取捨之間，不少人看似素質高，但他們因為難以捨棄眼前的蠅頭小利，而忽視了更長遠的目標，於是就給自己生存帶來了威脅，甚至於失去了生存的機會。這正如非洲的猴子，手伸進玻璃瓶裡抓住了果實不肯放棄，結果活生生地被人逮住。強者有時只是抓住了一兩次被別人忽視的機遇，而機遇的獲取，關鍵在於你是否能夠在人生道路上進行勇敢的取捨。

# 一 勤天下無難事

在北極，狼的活動極有規律，凌晨二時許，「頭狼之妻」首先會睜開惺忪的雙眼，慢吞吞地站立起來，伸伸懶腰，然後踱上山坡，將頭扭向背後嚎叫起來，發出了「起床」號。片刻之後，頭狼率眾狼出去狩獵。傍晚時分，狼群滿載而歸。

懶惰是人生的大敵，常常會使你不知不覺丟失自己的生命。只有對自己的生命作出合理的安排，才能做自己生命的主人。

人總是貪圖享受，就會養成懶惰的習性，因為享受不需要奮鬥拼搏，沒有誰生下來就願意吃苦，勤奮努力。

懶惰會使自己的生命時間白白的浪費掉，一生無所作為。懶惰的人總是會拖延他應該做的所有事情。

鬧鐘響了，他會說：「讓我再睡一會。」

事情來了，他會說：「等一會，明天再說。」

所以，要使人生能夠成功，使你的生命時間有意義，你就必須戰勝懶惰。就如同狼，它們之所以能夠在世界各地生存下來，一個重要的原因是，狼能夠做時間的主人，而不是被時間牽著走。

要戰勝懶惰，可以按照以下方法去執行：

首先，你要敢於承認自己有愛拖延的習性，並不願意克服它。這是處理一切問題的前提。只有正視它，才能解決問題。不承認自己懶惰，就不可能改正自身的弱點。

其次找出不願要克服懶惰的原因。是不是因恐懼而不敢動手，這是愛拖延的一大原因。如果是這一原因，克服的方法是強迫自己做，假想這件事非做不可，並沒什麼可恐懼的，並不想你想像的那麼難，這樣你終會驚訝事情竟然做好了。

是不是因為健康不佳，而懶惰。其實，懶惰並不是健康的問題，而是一種生活態度的問題，有些人，儘管疾病纏身，還照樣勤奮努力不已。如果，身體真的有病，這種時候常愛拖延，要

留意你的身體狀況，及時去治療，更不應該拖延。

第三，嚴格要求自己，磨練你的意志力。意志薄弱的人常愛拖延。磨練意志力不妨從簡單的事情做起，每天堅持做一種簡單的事情，例如寫日記，只要天天堅持，慢慢的就會養成勤勞的習慣。

第四，給自己營造一個有秩序的生活環境。在整潔的環境裡工作不易分心，也不易拖延。把自己生活的環境整理好，使人身居其中感覺舒適，就會熱愛自己的生活，產生勤奮的動力。另外，備齊必要的工具也可加快工作進度，也可以避免拖延的藉口。不給自己分心的機會。

我們的注意力常常受外界的干擾，不能夠投入工作，成為我們拖延偷懶的藉口。把雜誌收起來，關掉電視，關上門，拉上窗簾等等。這樣，就可以使自己的注意力集中起來，克服拖延的毛病，投入工作。

第五，作好計畫。對自己的每天的生活工作，做出合理的安排，制定切實可行的計畫，要求自己嚴格按計劃行事，直到完成為止。最好是公開你的計畫。在適當的場合，比如，在家庭裡，或者，在朋友面前，把你的計畫向大家宣佈，這樣你就會自己約束自己，不敢拖延。

為了你的面子，你不得不按時做完。

第六，嚴防掉進藉口的陷阱。我們常常拖延著去做某些事情，總是為自己的懶惰找理由，找藉口。例如「時間還很充足」、「現在動手為時尚早」、「現在做已經太遲了」、「準備工作還沒做好」、「這件事太早做完了，又會給我別的事」等等，不一而足。有些事情應該當機立斷，說幹就幹，只要幹起來了，你就不會偷懶，即使遇到問題，你也可以邊幹邊想，最終就會有結果。

第七，抱只做十分鐘的打算，一點一滴培養勤奮的習慣。開始克服懶惰，不可能堅持很長時間，你可以給自己說：「只做一會，就十分鐘。」十分鐘以後，很可能你興奮起來而不想罷手了。有些事情在開始做時，總會不順利，這就成為拖延偷懶的藉口，我們會說放一放再說。轉身就走，這樣就無法克服懶惰的習慣。強迫自己留在事情的現場不許走。過一會兒，你可能就找到了解決問題的辦法，你可能就不再拖延，你就會幹下去。

第八，避免做了一半就停下來。這樣很容易使人對事情產生棘手感、厭煩感。應該做到告一段落再停下來，會給你帶來一定的成就感，促使你對事情感興趣。

第九，想想事情做完後將得到的回報，那是多麼愉快啊。克服懶惰的辦法就是讓結果對他有一定的誘惑力。

我們從小教孩子：去洗洗碗，洗完了有獎勵。去洗衣服，洗完了可以看電視。其實，我們自己要克服懶惰，也可以給自己設定一個勤勞的報酬，來激勵自己。

偷懶之後，我們就會覺得時間不夠用了，我們就會痛悔虛度一生。只有戰勝懶惰，我們才能做時間的主人，從容不迫、豐富多彩地度過一生。

## 強者總是能放眼未來

在蒙古草原上，狼在捕獵旱獺的時候，從來不會將旱獺整窩斬盡殺絕，哪怕一些旱獺非常容易捕獵，它們也要留下一部分，讓牠繼續繁衍，等到來年再捕獵。所以，狼年年有旱獺補食。

不要被一時的挫折所嚇倒，也不要去計較一城一地的得失，你應該看得遠一些，看看你最終的目標。蒙古草原上的狼，如果因為笨拙的旱獺容易捕獵，就將旱獺斬盡殺絕的話，那麼，它們第二年就不會再捕獵到旱獺。

一個強盜正在追趕一個商人，商人倉皇之間逃進了山洞裡。山洞極深也極黑，強盜追了上去，抓住了商人，搶了他的錢，還有他隨身帶著的火把。

山澗如同一座地下迷宮，強盜慶幸自己有一個火把，他借著火把的光在洞中行走，他能看清腳下的石塊，能看清周圍的石壁，因此他不會碰壁，也不會被石塊絆倒！但是，他走來走去，就是走不出山洞，最終，他精疲力盡而死。

商人失去了一切，他在黑暗中摸索行走，十分艱辛。他不時碰壁，不時被石頭絆倒，但是，正因為他置身於一片黑暗中，他的眼睛能敏銳地感受到洞口透進來的微光，他迎著這縷微光爬行，最終逃離了山洞。

身處黑暗，反而更能看到光明，雖然磕磕絆絆的，最終仍能走向成功；有些人往往因為眼前的光明而迷失了方向，終生無法成為強者。

喜歡圍棋這種中國古老藝術的人都知道，這種遊戲最忌諱的就是缺乏大局觀，總是計較一城一地的得失。但是，真正下圍棋的時候，就連一些頂尖高手也會犯這樣的錯誤。因為當你眼前的利益和一些可能有也可能沒有的長遠利益發生衝突的時候，你常常不能決定是該放棄眼前的利益，毅然棄掉若干個已經屬於你的棋子，還是追求穩妥、先得到眼前的利益再說。這時候，你要反覆計算、再三權衡，因為有可能「一著不慎，滿盤皆輸」。

這時候，你是個超一流的頂尖高手，還是一個普通的圍棋選手，是一個愛出「俗手」的業餘選手，還是一個光出惡手的「臭手」，在這樣的考驗面前，真面目就會都露出來。

「臭手」和「俗手」可能不加考慮就會選擇眼前的利益，至於長遠利益，想可能都不想一下，「隔手的金子不如到手的銅」嘛；業餘選手這時候可能會想一想，到底是該選擇哪一個，但限於個人眼力，再想也無濟於事，於是就只好選擇了眼前利益。

普通的圍棋選手不但會想一想，而且他也會看出若干手之後的利益所在，但是他最後還是會選擇眼前的利益，因為雖然看到了長遠的利益，但限於個人能力，那利益屬於可望而不可得的範圍，不得已還是無可奈何地放棄吧，所謂「心有餘而力不足」是也；而真正的頂尖高手則不同，他不但有眼力，能及時發現長遠的利益，而且他也有能力將長遠的利益爭取到手，更重要的是，他有心力，相信自己一定將其攬入自己的帳下。

在我們漫長的人生路上，我們會遇到無數次選擇機會，比如我們求學、選擇專業、選擇職業、選擇配偶、選擇項目，等等。在這些選擇中，其實都有一個眼前利益和長遠利益的權衡問題。有些項目可能見效快一些，但是長期效益卻會差一些，有些則恰恰相反。這時候，你該如何樣選擇？

如果眼前的利益的獲得，對我們長遠的人生目標的完成有益無害，那我們自然要將其爭取到手。而且，這樣的利益再多也無妨。因為你暫時的勝利，會使你的精神得到一種激勵，你可

能一鼓作氣，很快就達到了你的長遠人生目標。這種結局當然是再好也不過的了。

但是，如果眼前利益的獲得，對我們長遠的人生目標完成有害無益，我們就要當機立斷，放棄眼前的利益，而以長遠的人生目標作為追求和努力的對象。俗話說，有得必有失。現在你「棄」了幾個子，卻獲得了最後的勝利。這種結局我們當然也可以接受，甚至，也是一種最理性、最符合人性的一種勝利。

下圍棋，不能計較一城一地的得失；而我們的人生，需要多考慮長遠目標，正所謂「風物長宜放眼量」吧！

聯想集團的柳傳志在中國科學院電腦所時，二十多名員工用「賣苦力」賺到七十萬元人民幣和七萬美元的事情。柳傳志之所以在年終「分紅」會議上不主張分掉這些錢，就是因為他權衡了眼前利益和長遠利益之間的關係做出了「英明」的決定。因為如果分掉這筆錢，從短期看是獲得了一點利益，但這一「分」，實際上就等於宣告了聯想沒有了未來，沒有了長遠的人生目標，所以，柳傳志毅然做出了這個決定。

試設想一下，如果當初柳傳志他們真的把這些錢分完，或許就不會聯想集團的存在。

## 強者的字典裡沒有失敗

狼極有耐性，如果他們這一次捕獵不成，它們會想著第二次，第三次……知道捕獵成功。狼的字典裡，有不成功，但是沒有失敗。

強者就是那些把失敗像剔除荊棘一樣一個個剔除的人。

每一個人在發展的道路上都會遭遇失敗，不會有一個人在發展的過程中一路順風。面對失敗，是繼續前行，還是就此放棄，是失敗者和成功者的一個重要的分水嶺。

失敗、錯誤是每個人都想竭力避免的，但當它們降臨之後，我們要做的不是去逃避、推諉，而是要以百倍的勇氣去挑戰失敗。首先應主動承擔造成這種錯誤的責任，這是一個人品格真誠的魅力體現。其次，也是更重要的是我們應努力追根溯源，找出失敗的原因和錯誤的緣由：工

作能力不足？準備不充分？客觀條件不成熟？等等，只有把類似的這些問題都搞清楚了，在今後的發展中才可能對症下藥，避免重蹈複轍。

失敗之時，也是最容易找到事物轉變的切入點之際，因為這是發現自身不足的絕佳機會。成功者往往把失敗與錯誤當作人生的另一種財富。美國的大發明家愛迪生曾說：「失敗了一千次並不可怕，最起碼我知道這一千次的努力都是不可行的，於是我就會作出第一千零一次努力……」許多人遇到錯誤與失敗，總是一味地逃避，不願看到自己身上有傷口，失去了極早清理的機會，最後終為傷口所累而追悔莫及。

在我們發展自己的過程中，我們不可能永不犯錯誤，不可能不遇到各種各樣的失敗，如果你真的錯了，那就要以高昂的鬥志去挑戰失敗，把失敗當成一次機會。只有這樣，你才會接受現實，才可能把自己以後的事業做得更好！

可見，要想成為強者，首先就要像狼一樣不要讓你的心態被失敗摧垮，要把失敗剔除出成功的字典。其次，要成功還得研究失敗，正視失敗，洞見失敗，掌握剔除失敗的方法。

戰勝失敗，把失敗剔除出你成功的字典，成功也就一定屬於你。

你是強者，強者是永不言敗的！

## 強者是善於控制自己的心性

狼的耐心源自狼極強的自控能力，它們之所以讓獵人感到害怕，就在於他們能很好地控制自己，而獵人卻常常喪失了耐心。

一個無法控制自己情緒的人，一定也無法控制他的人生。

在自然界，潮漲潮落、日出日落、月圓月缺、燕子來去、花開花謝、春耕秋收，這些現象或許都是自然界情緒的一種表現。人，也是自然界物體的一個組成部分，所以，我們的情緒也會像潮水一樣地漲漲落落。

每天早上我們從床上醒過來的時候，情緒就與昨天的不同。這大概是自然的奧秘之一，沒有人會瞭解它。昨天的歡樂，會成為今天的悲傷；而今天的悲傷或許又會成為明天的歡喜。在

我們的心裡似乎有一個輪子，不斷地從歡喜轉到悲傷，從狂喜又轉到沮喪，從快樂轉到憂鬱，就像花朵一樣從怒放到枯萎。

但是，對於一個希望成功的人來說，不能任由情緒去自然地表現，得學會控制自己的情緒。因為一個無法控制自己情緒的人，一定也無法控制自己的人生。你的情緒若不正常，會直接影響到你的心態，影響到你的工作效率，會影響你的下屬。

試想，一個老闆，一大早走進公司就陰沉著臉，下屬看見了會做何感想，他會想老闆不是跟太太吵架了就是公司的事情有些不妙了。而如果你只是一個下屬，你恐怕更得學會控制你的情緒，因為沒有一個老闆希望自己的下屬情緒反覆無常，遇到事情不會控制自己。

如何控制自己的情緒，你不妨試試下列的方法：

◎如果你覺得沮喪，你就大聲唱歌；如果你覺得自己悲傷，你就大笑。

◎如果你覺得自己病了，你就去加倍工作。

◎如果你覺得恐懼，你就大膽地衝向前去。

◎如果你覺得你不如別人，那你就去換件衣服。

◎如果你覺得疑惑不定，你就提高你的聲音。

◎如果你覺得貧窮，你就想你將來的財富。
◎如果你覺得無法勝任某個工作，你就多想想你過去的成就。
◎如果你覺得自己無足輕重，你就想想你的理想、目標。

如果你覺得這些還不足以使你無法控制自己的情緒，你不妨再試試控制你的心態。心態直接會影響到你的情緒：

◎如果你過分自信，你就回憶一下你失敗的時候。
◎如果過度放縱自己，你就想想從前你饑餓的時候。
◎如果你覺得自滿，你就想想競爭的時候。
◎如果你洋洋得意，你就想想你羞恥的時候。
◎如果你發了大財，你就想想那些沒東西吃的人們。
◎如果你驕橫自傲，你就想想你怯弱的時候。

你控制了你的情緒，你就控制住了命運，就控制了你的人生，那這時的你就像草原上的狼一樣，是一個強者。

# 態度決定一切

狼的社會中有著明確的分工，即使是在一次捕獵行動中，狼群也要明確分工，無論是擔任什麼樣的角色，狼可以說都是盡職盡責、忠於職守的。

弗蘭克・摩納爾曾講述過自己早年的一次經歷：

「工作是最佳的麻醉劑！」

整整五十年前，家父告訴我這句話，事後我便一直奉它為自己生活的準則。他是一位醫生。我那時剛開始在布達佩斯大學修習法律，有一次考試時考砸了。我想這是奇恥大辱，再也活不下去了。因此，我便逃入失敗最親密的朋友——酒精的安慰中，讓它一直在我近旁。

家父出其不意地來看我。他像個好醫生那般，立刻發現了酒瓶和我的困難。我坦白地告訴他，為何要逃避現實。

這位可敬的老人當場便開了一個處方。他詢我說明，酒精或安眠藥中不能有真正的逃避——任何藥物中都沒有。不論什麼憂傷，只有一種藥有效，這比世上所有的藥物都要更好、更可靠，那就是：工作。

家父說得多麼對，要想習慣於工作也許很難，但是你遲早會成功。它，當然有著所有麻醉劑的性質。它會成為習慣，而一旦養成習慣，遲早會變得再也打不破。五十年來，我就一直無法使自己打破這個習慣。

的確，如果一個發展著能夠將工作看作是麻醉劑，看成是醫治百病的良藥，那麼，還何愁自己不能成為強者！

因為工作態度決定著你能否成為強者！

前些年，在我們社會的年青人中，有一個詞極為流行：沒勁！儘管我們不能由此就判定說這話的人就肯定做任何事情都「沒勁」，但這的確代表了一種情緒，一種不好的情緒。因為這個詞中沒精打采的意味是很濃的，而這種意味對於任何一個渴望成功的人來說都可能是致命的。

這並不是在危言聳聽！因為一個人的工作態度折射著你的人生態度，而人生態度決定了你一生的發展成就。

一個對工作熱忱、積極的人，無論他眼下是在挖土方，或者是在經營著一家大公司，都會認為自己的工作是一項神聖的天職，並懷著深切的興趣。對自己的工作熱忱的人，不論他的工作會遇到多少困難，或者需要多少努力，他都會用不急不躁的態度去進行。只要你抱著這種態度，你一定會成功，一定會達到你人生的目標。狼群之所以能夠成為草原上的霸主，重要的原因就在狼群中的每一個成員都是忠於職守的模範。

一家職業介紹所的工作人員曾經這樣說：「我們在分析應徵者能不能適合某項工作時，經常要考慮他對目前工作的態度。如果他認為自己工作很重要，我們就會留下很深的印象。即使他對目前的工作不滿也沒有關係。」

「為什麼呢？這個道理很簡單，如果他認為他目前的工作很重要，他對下一項工作也可能抱著『我以工作成就為榮』的態度。我們發現，一個人的工作態度跟他的工作效率確實有很密切的關係。」

就像你的儀表一樣，你的工作態度，也會對你的上司、同事、部屬以及你所接觸的每一個人展現出你的內心世界，你的價值取向。

這也就是說，你認為你怎樣你就會怎樣。因為你的思想不知不覺會使你變成你所想的那樣，你對工作沒有熱情，表現得很消極，那你就不可能在工作上取得任何成就。如果你認為你很虛弱，你的條件不足，會失敗，是二流貨色等等，這些想法會注定你會平平庸庸地度過一輩子。

反過來，你如果認為自己很重要，有足夠的條件，是第一流的人才，自己的工作也確實很重要，那麼你很快就會邁上成功之路，成為強者。

# 堅持到底你就能成為強者

狼在捕獵的時候，有時條件並不成熟，但是，狼有堅持到底的決心和耐心，最後，往往是獵物沒有了耐心，明明知道會送命，但因為沒有堅持到底的決心和耐心，只好鋌而走險。

一個真正的強者，總喜歡激發自己個人的進取心，並把這種習慣貫徹到每一天、每一個行動中。

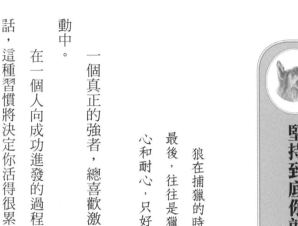

在一個人向成功進發的過程中，心態是十分重要的。如果你把在摸索中發展看作是痛苦的話，這種習慣將決定你活得很累，並且會沒有一點快樂感。而強者與之相反。試想，一個人如果失去個人進取心，怎麼會創造出人生真正的快樂——成功的快樂呢？

在第二次世界大戰時，凱薩以其驚人的造船速度和效率震驚了整個世界。他的成就之所以引人注目，是因為他適應戰爭了的需要。而他在造船之前根本沒有造船經驗，促使他走向成功的主要原因，就在於他具有個人進取心的特質和貫徹到底的習慣。

當凱薩訂購了一火車的鋼料，並要求於既定日期在他的船塢交貨時，首先確定鋼料已完全按照既定的進度進行生產，而且他的員工也都已準備好接收這批鋼料。他派人到工廠探查並且回報生產進度，最後他還隨貨出航，以確保不會發生任何差錯或遲延的情形。因為凱薩非常注意細節的事情，所以，他的員工知道凱薩也希望他們具備這種特質。若在運輸途中發生任何差錯，員工被要求採取一切必要手段來控制問題並沒法彌補損失的時間。正是這些措施，保證了它驚人的造船速度和極高的效率。

凱薩堅強的個人進取心，成為許多人日常生活的模範。

所以，要想成為強者，必須從以下幾方面做起：

**第一，立刻付諸行動。**

一位成功者描寫自己在結婚之後，第一次去拜訪妻子的家人。火車停在離妻子的家鄉兩里遠的地方，由於當時正下著傾盆大雨，所以他對那個地方的風光並沒有什麼印象。他對這種情況感到有些懊惱並問自己的大舅子道：「你們為什麼不叫鐵路局開一條直通城鎮的支線？」

他的大舅子笑著說，他們已經嘗試了十年之久，但是鐵路局始終不願意花錢在當地的一條河上建一座橋。

「十年！」這位新婚不久的丈夫驚訝地說，「怎麼要那麼久，我可以在三個月內做好這件事。」

但是，說完之後他立刻想這次真的說錯話了，因為在妻子家人面前說這種自誇的話，對他們來說無疑是一種挑釁。也就是因為這個原因，他想真的必須要付諸行動了。雨停了之後，他和大舅子便走向河邊。

在河邊，他看到一條十分老舊的木橋，橋上的公路屬於郡道，鐵路橫過郡道，火車站位於河的另一頭。每當火車駛過時，郡道上的人車便被攔下來，因而影響附近的交通。

「你看」，他說：「很簡單，客運列車付出三分之一的造橋費用，因為旅客們會因為有了新的橋而直通城鎮；政府付三分之一的造橋費用，因為反正他們遲早必須把舊橋拆掉建新橋；貨運列車也應付三分之一的造橋費用，因為有了新橋後它們便可不再受到路面交通的影響，並因而避免因為人車排隊等候火車通過所可能發生的交通意外事故。」

事情就是那樣簡單，一周之內，他們就取得三方當事人的同意，而新橋也在三個月之內就建造完成，從此以後這個城鎮便有了客運火車的服務。

**第二，養成積極的特質。**

一位資質普通沒有什麼能力的人，他曾經做過鉛管學徒工，因為他的老闆認為他沒有學習鉛管的天賦，就把他派去當推銷員，但他似乎也沒有當推銷員的能力。

他寫字寫得很工整，所以他的老闆再一次要他負責簿記工作，但他仍然沒辦法勝任。但是簿記員的工作使他瞭解盤點的重要性，所以他便「盤點」他自己，他認為自己具備了下列積極特質：

◎儲蓄習慣。

◎正確計算費用的能力。

◎不屈不撓的精神。

◎引導他人和諧工作的能力。

他要如何善於使用他的這些積極特質呢？答案是很明顯，他自行開了一家鉛管公司。他選好了地點，找到了技術一流的鉗管工人並開始尋找客戶。他在一年之內便將他們的工作時間表填得滿滿的。由於他都能以一流的鉛管工在預定費用範圍內完成工作，所以很快就在這一領域

建立起良好的聲譽，雖然他自己的鋁管技巧很差。

他就是憑藉個人進取心，成就了他一生中想成就的事業。先以訂定明確目標作為開始，他一步一步地成立一個由技術員工所組成的工作團隊，提供額外服務，最後獲得成功。如果他未能及時發現自己積極個性的話，那麼他的老闆很可能會開除他。

這位成功者為自己開創了一條成功之道。

可見，世界上的任何事物，無論它多麼簡單，它至少包含著兩個面。如果你只站在一個角度你就只能看到它的一個面。

這種只站在一個角度去觀察所得出的結論固然不無道理，它也標誌著你的認識已到達了事物的內部，但離事物的本質還遠。如何才能揭示事物的本質呢？顯然這種只從一個角度去觀察的方法過於簡單，這種觀察只能做出簡單的判斷。深入細緻的觀察才能做出全面的正確的判斷，才能深入事物的本質。

因此，無論我們對人、對事，在做出判斷之前，不妨多下點功夫、多換換角度、多找一些切入點，去認真細緻地看、去聽、去觸摸、去品味。如果你想成功，你就不可草率從事；如果你想成功，你就不可妄下結論。草率只能使你不能進入事物的本質、發現事物的價值，妄下斷語，只會使真正的人才與你失之交臂，使成功與你擦肩而過。

還記得愛迪生的傳記裡那位小時候的愛迪生嗎？

愛迪生上小學的全部時間沒有超過三個月，他的成績全班倒數第一。老師同學都說他太笨。然而，愛迪生的母親卻不這樣認為，她發現愛迪生常在石板上畫畫，發現愛迪生愛觀察、愛認真傾聽每個人所說的話，並且常常提出一些所謂「不可能的問題」，不肯說出他懂得什麼，甚至在處罰的威脅下也不肯說出。愛迪生的母親由此斷定：愛迪生並不笨，他是世界上最聰明的孩子。由此常常給愛迪生熱情的鼓勵，也就是因此愛迪生有了將「堅持到底」的決心與信心，從而取得了輝煌的成就。

# 信念是通往成功的雲梯

一個風雪交加的晚上，一群狼為了將一群馬趕入沼澤，跟牧馬人與馬群展開了殊死的搏鬥，最後，是狼群獲得了勝利。馬兒比狼高大，數量上又不比狼群少。馬群所以全軍覆沒，並不是馬群的沒有戰鬥力，而是馬群缺乏必勝的信念。

希望在任何時候都能夠給人以生存的力量，只要自己不放棄生存的願望，那麼，誰都不會奪取你的生命。

人在生命最危險的時候，只要堅持，決不放棄最後的希望，就會挑戰生命極限，做出常人想像不到的奇蹟。

有這樣一個故事，說的是有一艘輪船在大海上出事了，一個叫傑克遜的水手帶著六個人坐上救生艇在海面上漂流了兩天。這時候，大家都已經口乾舌燥，需要喝水。只有水手脖子上掛著一個水壺，他給大家說：「現在，我們只有這一壺淡水了，它是我們的救命水，只有到了生命最後極限的時候，才能喝壺裡的水。不到萬不得已的時候誰要敢動它，我會斃了他！」水手說著的時候，從　y裡拔出一把左輪手槍。

救生艇繼續在海面上漫無目的地隨波逐流。第三天早上，太陽一出來就毒辣辣的，中午的時候，大家都被曬得冒了油。愛麗斯夫人突然暈厥過去，大家搖晃著呼喚她，愛麗斯乾裂的嘴唇一張一翕，發出低低的聲音「水⋯水⋯。」

傑克遜摟著愛麗斯的脖頸，貼近她的耳邊，輕聲說：「夫人，現在還不是最危險的時候，你還不能動這壺，救命水，我相信你現在還能頂得住。」

一旁的道格拉斯大叫道：「什麼？這還沒到時候？你是想渴死愛麗斯夫人嗎？」說著，道格拉斯就來搶水壺。

傑克遜迅速放下愛麗斯，從口袋裡掏出手槍來，大喝道：「別動！你敢過來，我就一槍打死你！」

道格拉斯被黑洞洞的槍口鎮住了，「呼呼」地喘著粗氣，咬牙切齒道：「我看你是想趁天

黑的時候獨吞這壺水！你記著，我會讓你死得很難看的！」

愛麗斯時而昏過去，時而醒過來。她醒過來的唯一一句話就是：「水……水……」但這絲毫沒有打動傑克遜，他握著手槍，護著水壺，也只說一句話：「愛麗斯，再堅持，到需要的時候，我會餵你水的。」

第三個黑夜來到了。救生艇還是漫無目的地漂流著，但七個人已經分成了兩個陣營，傑克遜守著神志不清的愛麗斯，警惕著道格拉斯等人撲上來搶奪水壺；道格拉斯和另外四個人則始終虎視眈眈盯著傑克遜，只要有一絲的機會，他們就會衝過去奪過這個自私鬼的水壺。

顯然，他們已經視傑克遜為公敵。道格拉斯說「大副先生，我會監視你一夜的，只要你敢動一口水，我就要擰斷你的脖子。」說完，他真的移到傑克遜的面前坐下，緊盯著傑克遜。傑克遜將水壺護得更緊，槍口直頂著道格拉斯。

道格拉斯和傑克遜就這樣對峙了一個黑夜。

第四天來臨了，海面風平浪靜，但太陽越來越毒。愛麗斯已發不出聲音，偶爾張合著烏紫乾裂的嘴唇，可傑克遜依然不為所動。

中午時分，又有兩個人昏厥過去。他們清醒過來的第一句話，就是懇求傑克遜給點兒水喝。

但冷酷的傑克遜還是那句話，「還沒到你們最需要水的時候，你們還能頂得住。」

下午的時候，克勞林實在忍不住鑽心的饑渴，捧起海水就喝，傑克遜大叫：「不能喝！」他起身想拉開克勞林，道格拉斯見狀撲了過來，想奪水壺。傑克遜趕緊回轉身，用槍頂住道格拉斯的額頭，兇狠地盯著道格拉斯說：「想找死嗎？」道格拉斯只好又退了回去。這當兒，克勞林喝下好幾捧海水，傑克遜痛苦而又無奈地說：「克勞林，你會送命的。」

第五個夜晚來臨了。大家渾身癱軟得像一堆稀泥，道格拉斯和傑克遜仍舊對峙著。半夜的時候，道格拉斯敗下陣來，他抵擋不住疲倦，叫醒一個同伴，繼續監視傑克遜，自己倒頭睡去。

當第六個清晨來臨時，他們發現，克勞林已經死去了。悲哀和絕望讓救生艇上的人們傷心地哭了。可是，因為體內缺水，他們已流不出半滴淚水來。

道格拉斯質問傑克遜「克勞林都渴死了，這還沒到最需要水的時候嗎？是你害死了克勞林！」傑克遜反駁道：「克勞林是自己殺了自己，他本來可以像愛麗斯夫人一樣挺過來的，但他喝了海水……請相信我，我們都沒到最需要的時候，我們還可以堅持。」

道格拉斯無力地罵了一句：「雜種！」又挪近了身子，緊緊盯著傑克遜。

中午的時候，所有的人都倒下了，他們像即將渴死的魚一般，無力地張翕著嘴。只有道格

拉斯還能吐出「水……水……」的聲音，不過他和同伴們一樣，已沒了動彈的力氣。傑克遜呢，早已斜躺在船幫上，手槍落在一旁，他的雙手緊抱著水壺，但傑克遜已沒了力氣打開水壺，喝那「救命水」了……

就在夜幕降臨時，遠處突然傳來了汽笛聲。接著，兩道刺目的燈光掃射到救生艇上，救援的海輪終於發現了他們。

彷彿有一股力量注入到大家的體內，他們終於發出微弱的聲音「救……」傑克遜嘀咕了一聲「上帝啊！」頭一歪昏厥過去。

道格拉斯哆嗦著爬到傑克遜跟前，拽過那只水壺，他想灌個痛快。但他感覺水壺太輕，好像沒有水。道格拉斯搖晃著水壺，仍沒聽見壺裡有什麼動靜。他擰開水壺蓋兒，將水壺口朝下，還是沒有一滴水……

救生艇上的六個人得救了。傑克遜醒來時，發現他們都躺在醫院裡，道格拉斯正望著他。傑克遜朝道格拉斯點點頭，道格拉斯還友好的一笑，說：「大副先生，你是否知道，你守著的那個水壺裡根本沒有一滴水。」

傑克遜笑著說：「我早就知道裡面沒有水，但我給你們虛構了一個希望。有了這個希望，你們才會不斷地對自己說『我總會喝到那壺水的，我能堅持住。』你們自始至終沒有喝到水，但你們的心靈被水滋潤了。如果你們知道水壺裡沒有水，你們會覺得沒了希望，你們會被絕望打敗，生命就會在心靈死亡後消失。」

停了停，傑克遜又說：「不過道格拉斯先生，你是否知道，那把手槍是永遠也射不出子彈的，因為它是我給兒子買的玩具。」

希望在任何時候都能夠給人以生存的力量，只要自己不放棄生存的願望，那麼，誰都不會奪取你的生命。

# 善待生命周遭中的每一個過客

狼是兇殘的，但狼又是博愛的。狼崽子一旦失去了母親，就會有許多「狼阿姨」和「狼大媽」來充當奶媽的角色。這是狼作為一個群體最有戰鬥力的重要原因。

善待你生活中的每一個人，每一個人也就會善待你。

人生的發展為了什麼？人生的成功又為了什麼？

我們生活中的每一個人，無論他是默默無聞還是身世顯赫，也無論他是文明還是野蠻，年青還是年老，都有一種成為重要人物的願望。這種願望是我們人類最強烈、最迫切的一種目標。這也是我們發展自己人生和事業的目的。

或許正因為瞭解了這一點，於是，我們在各類廣告中都能看到這樣的字眼：「聰明的人都會使用……」「鑒賞力高超的人士都會使用我們的……」「想成為人人羨慕的對象就要使用……」「專門為那些被婦女羨慕、被男士欣賞的貴婦而準備的……」這些廣告標題都在不斷地告訴你：購買了這項產品就會成為被人們注目的人物，使你感到心滿意足，因此值得你去購買。

我們社會的絕大多數人，實際上不可能成為令人注目的公眾人物，一個村婦也不會因為使用了某個東西而成為貴婦，而且，購買某種產品的人也未見得每個人都是聰明人。但是，這些廣告卻利用了人們希望成為重要人物的這種願望而大賺其錢。

由此可見，只要滿足了別人的這種願望使他們覺得自己重要，你就能很快地走上成功發展的大道。

這種滿足別人成為重要人物的願望，的確是成功發展百寶箱裡的一件寶貝。

那麼，我們在生活中究竟應該怎麼做，才能滿足別人的這種願望呢？我們大多數人做理論探討時夸夸其談，但只要將這種理論轉化到實際生活之中，往往就會忽略一些重要的東西，如忽略「每個人都希望成為重要人物」這個觀念。

在我們的生活中，我們聽到最多的是「你算老幾」、「你算個什麼東西」、「你說的話分文不值」、「你不過是個普通人」等等這樣的話。之所以人們要如此對待他人，傷害他想成為重要人物的想法，是因為大部分人看到別人尤其是那些似乎無關輕重的「小人物」時，總是在想：他對我來說無所謂，他不能替我什麼，因此他很不重要。

俗話說，不走的路都要走三遍。也許那個人現在對你不重要，但也許某一天、某個特殊的時候就顯得重要了。

事實上，每個人，不管他的身分多麼微不足道，地位多麼的低賤，薪水少得屈指可數，他對你都很重要。道理很簡單，就僅僅因為他是個人。所以，當你滿足了他的願望，使他意識到他對你很重要時，他就會更加賣力，對你會加倍地友好。

有位公共汽車司機，是個脾氣異常暴躁的大老粗，曾經幾十次、幾百次地甩下再有兩秒鐘就可以趕上的乘客，所以，他在乘客中口碑極差。然而，他卻對一位跟他無親無故的乘客特別關照，不管多慢，這位司機一定會等他上車。

為什麼呢？就因為這位乘客想辦法使司機覺得自己很重要。那位乘客每天早上一上車都會跟司機打個招呼：「早安，先生。」有時他會坐在司機旁邊，跟他說些無關痛癢卻很中聽的話語，例如：你開車的責任很重呢！你開車的技術很好！你每天都在擁擠不堪的馬路上開車，真有耐心！真了不起！等等。於是，就將這位司機捧得飄飄欲仙，這位司機想成為一個重要人物的願望得到了極大的滿足，對那位說他好話的乘客自然就另眼看待了。

如果你能像那位乘客一樣善待每一個人，能夠滿足他們成為一個重要人物的願望，並且長期地堅持下去的話，你就會在你的事業上取得成功。你如果是個銷售商，顧客會向你買更多的東西；如果你是個老闆，你的員工會更加努力地工作；如果你是個員工，老闆也會更多地照顧你。

如果你仔細分析一下我們身邊的成功發展的人士，不難發現，那些真正的成功人士，尤其是取得了巨大成就的成功人士，都會善待跟他有關的每一個人，而且每個人都很尊敬他，看重他，這也就因而大大增加他們對他的貢獻。因為他把那些人看得很高，滿足了那些人的心理需求，因此他就能從他們那裡獲得更大的工作成績。

前任挪威駐中國大使石丹梧的夫人——娜姆，是一個來自瀘沽湖畔的摩梭族的鄉下女孩，她甜美的歌聲響徹全世界，被世人喻為中國的「夜鶯」。她在事業和愛情上的一帆風順，源於她得到過一個神秘老人的資助。

娜姆初到美國留學時，生活拮据。她白天學習音樂和英語，晚上就在一個小餐廳裡當服務生。那天，一個面容憔悴、神情悽苦的老人，為躲避外面的狂風走進餐廳。所有的人都漠視他，甚至有人因為他的寒酸要趕他出門。只有娜姆動了惻隱之心，她知道有很多美國老人晚年都很孤獨悽苦，於是，她搬了一把軟椅讓老人休息，並自掏腰包為他要了飲料；為了讓老人開心，還專門為他點唱了中國的民歌，並熱情邀請他參加中國留學生的聚會。漸漸地，老人笑顏逐開了。

兩個月後，這位老人交給娜姆一封信和一串鑰匙，信裡裝著一張巨額支票，娜姆驚愕萬分。信的內容如下：

娜姆，我年輕的時候收養了三個越南孤兒，為此一直沒有結婚。可當我含辛茹苦地教育他們長大成人自立後，他們卻拋棄了我這個養父，我退休前在一家公司當工程師，有著豐厚的收入，但錢對我這個歷盡滄桑、將要入土的老人毫無意義，我需要的是親人的溫暖和友誼。娜姆，只有你給過我這種金錢難買的情誼。現在，我已回到鄉下落葉歸根，我把這一生的積蓄和房子都留給你，用這些錢來實現你源於瀘沽湖畔的音樂夢吧。

從此，老人杳如黃鶴。

娜姆心潮澎湃，感慨萬千，為了告慰老人，她用這筆錢做了一張風靡全球的中國民族音樂專輯，並開始致力於中外文化交流。也因此結識了她的先生——前任挪威駐華大使石丹梧。他真摯的愛情讓娜姆的歌聲插上了幸福的翅膀，盡情地翱翔在世界各地。

的確，學會在舉手投足之間撒下一顆顆關愛的種子，有一天，當它成長為參天大樹並為你帶來豐碩的果實時，你才會恍然大悟。原來，你賦予他人的慈愛和真誠並不需要很多、很昂貴的付出，有時甚至是極其簡單的。

所以，你若想成為強者，那你就先從善待每一個人做起吧！

自然的變化少有規律，而人生的應變方式應該是有術可循的，而且應高招迭出。自然環境的變化可以對人生產生重大的影響，是造成人生之變的一種外在張力。

## 友善與讚美可以助你成為強者

在狼的世界裡，狼自然有爭鬥，甚至爭得不可開交，但是，狼彼此之間也有友善，比如，母狼會無私地照顧狼群中其他母狼的幼崽，甚至，狼還會照顧自己的敵人——人類的孩子。

每個人都有一種渴望被大家認同和讚美的深層意識，懂得了這一點，就可以在人際關係中獲得友誼，達到自己的目的。

也許生活中你遇到過與你意見相左的人或事，你採用對抗、爭論、甚至威嚇的手段，不但根本解決不了問題，反而事情會越弄越糟，適得其反。即使你引經據典，利用邏輯定理反覆論證，大講道理，也很難使意見達成一致或說服於人。那麼，你有沒有試過用友善的力量去化解矛盾，「化干戈為玉帛，化戾氣為祥和」呢？不久前從一本書上看到一則用友善和讚美化解矛盾的故事，覺得其中富含生存智慧，在這裡與大家共同分享。

一對夫婦新搬到一個小鎮上，幾個月後妻子向鄰居埋怨鎮上圖書管理員的服務態度不好，希望鄰居能把她的話轉告圖書管理員。幾天後，當這對夫婦再次來到小鎮圖書館時，那位管理員的態度發生了一八〇度的轉變，不但語氣和藹，還客客氣氣地向他們介紹新近的暢銷書。於是，妻子興奮地把這個轉變告訴了她的鄰居：「您大概已把我埋怨他服務態度不好的話轉告給了他？」

「不，」鄰居坦然的回答，「希望您不要見怪，我沒有跟他說您告訴我的那些話，相反，我對他說，您的丈夫稱讚他管理得法，而您也誇獎他選購的新書很有水準。」

這真要感謝那位理智的鄰居，如果她原原本本地轉告，結果將會怎樣？中國有句古話叫「誠於嘉許，寬於稱道」，這就是友善力量的反映。

有一個學生讀高中時，學校離家很遠，交通也不方便，他只好在學校附近租了一間小屋子。那地方很好，低矮的鐵柵欄顯得院落非常別致和整潔，四周的景色也很優美，而且安靜極了，正是讀書用功的好場所。然而那並不算貴的房租，對於像他這樣的寒酸學生，仍是負擔不起，他很自然地就想到了減租。

然而，幾位算得上「過來人」的師兄堅決地勸他不要那樣做，並告誡說，「房東他可不是一個好對付的傢伙，頑固得在當地出了名。」想用一般的辦法肯定不行，必須另外想辦法，於是，這位學生暗藏心機地給房東寫了封信，大意是說住滿整月後準備遷出，希望月底之前他抽空來處理此事，那封信的語氣十分客氣委婉。實際上他根本不想搬走，只希望減少租金。

幾天後，房東果然來到我的屋子。這位學生熱情地讓座並為他泡茶，充滿和善地同他聊了起來。沒有開口提房租過高的事情，而是談論他如何滿意這裡周圍的環境，讚揚房東眼光獨到，欣賞他管理房子的方法，並告訴房東他非常願意繼續住下去，只是限於經濟能力不能負擔，想找一個比較便宜的房子。

也許這位房東從沒受到過房客如此的讚揚和恭維，面對學生的友善和讚揚有點不知所措，他開始向學生述說他管理及維護上的難處，學生靜靜地聆聽並不時表示出理解和同情。他們談得很投機，房東甚至拿這位學生與以前的幾位房客作比較，稱讚這位學生是講禮貌有修養的人，他非常樂於有這樣的房客。沒等學生提出請求，他就主動降低了一點租金，這位學生還希望再減一點，就說出一個具體的數目，他毫無難色地就答應下來。當房東離開時，還問了學生是否還需要其他幫助。

這位學生成功了，而且可以說成功得很漂亮。

假如這位學生同其他房客一樣責備房間陳設簡陋過時或故意尋找一些沒有必要的理由同他爭吵，注定會遭受同樣的失敗，然而他用了友善、同情、欣賞、讚美的方式，不僅獲得了勝利，而且獲得了房東的友誼。

英語中有一句諺語「一滴蜂蜜比一桶毒藥捉住的蒼蠅還多」。同樣道理，一丁點友善可以取得一大堆責難所達不到的目的，更重要的是它能在人與人之間架起一座愛的長虹。在人際關係中，掌握友善的這種力量，你就可以快樂生存，達到自己的目的。

# 永遠不做生活的奴隸

如果我們走進狼的世界，就會發現，狼並只是為了獵物而活著。在狼的價值觀裡，還有比獵物更重要的東西，那就是生活本身。

為錢而活著的人，會在金錢面前變成奴隸而挫敗自己另外一種有價值的目標。就如同一隻狼，如果它只是為了一塊肉，那麼，它就不可能成為狼群中的強者。

只為錢而活著，會在金錢面前變成奴隸而挫敗自己。

金錢的誘惑力很大，成為人們習慣爭取的東西。如果沒有正確的金錢觀念，絕對會被金錢打敗。

金錢，對於貪婪的人來說，在他們的習慣中永遠沒有滿足韻時候。人生離不開錢，但也不能只著眼於錢。莫讓金錢遮住眼，走出錢眼天地寬。

世界上最愚笨的人，就是那些只是為了薪水而工作的人。但除此以外，你應該還有其他需求，一種滿足無限高尚欲望的要求。那就是，想成為一個正直的人，想盡你最大的努力去做正直的事，公平之事的人。

一位成功者對涉世不深的青年人說過這樣一段話：「在初入社會的時候，不要太顧及你的雇主所給你的薪水是多少。你對此不如去想一想你自己還可以從中獲得各種可能的薪水，如技巧的提高，經驗的積累，及整個生命的充實等等各方面。」

老闆給我們提供的工作，只是我們用來塑造品性與人格的機會和條件。那是一所訓練才幹、張揚精神、發達智力的實驗學校，而不是用來從中榨壓出金銀的石磨。

一個人一旦只是為了薪水而工作，除此之外便沒有了其他較高的動機，那這個人將面臨許多品質劣勢，而受此欺騙最厲害的正是他自己。他就是在日常：工作的量與質中欺騙了自己。這種因欺騙而蒙受的損失，縱使他日後怎樣奮起直追，努力振作，也是永遠無法補償的。

你在工作中投入的量與質，可以決定你的整個優勢品質。不管薪水如何菲薄，只要你對一切工作都願付出至善的服務、至高的努力，而不是自安於「次好」與「較低」，你是否具備這

種精神，將決定於你是成功者還是失敗。

我們常常看見，許多很有作為的人，他們在低微的薪水工作多年後，會突然像變魔術一般，跳上一個高級而負重任的位置，為什麼？就因為在他們的雇主每星期只給他們極少薪水的時候，他們卻正在積累使他們終身受益的工作經驗：辦事能力的增加，經營手段的進步。

許多人會因所得的薪水，在他們自己看來低於他們的應得報酬，於是在工作時，刻意使工作的量與質恰與雇主所付的薪水相等，就這樣將薪水袋以外的種種巨額回報給拋棄了。他們對待工作，故意採取一種躲避不及、愈少做愈好的態度。他們不想去獲得那些比現金更重要的薪水；他們寧願坐視自己人格、能力的退化，使自己成為一個狹隘、小器、無效率與腐的人；使自己的生命與宏偉、尊貴、高大等成分毫不沾邊。

他們的才幹，他們獨當一面的能力，籌畫設計的能力，他們的機智，與那些可以使他們居人之上，使他們成為偉人的品質，都將因此而處於休眠狀態。就在他們只是提供吝嗇服務，刻意使之與薪水相等的時候，他們卻是在阻礙自己的專長，攔阻自己的前程，從而使他們自己終身只做半個人，而不愛整個人；使他們自己成為一個卑小、狹隘、無用的人，而不是一個有精神、崇高、完備的人。

其他方面的成功如此，在藝術創作上的成功也是如此。

巴爾扎克是金錢的追逐者。他一生都在追求金錢，但金錢未光顧他，使他成為百萬巨富。但可貴的是，巴爾扎克沒有成為它的奴隸。

《人間喜劇》，它反映了封建貴族和資產階級上升的歷史，特別是深刻地揭露了資本社會的「金錢關係」，正如巴爾扎克自己所說的：「寫盡金銀底下的醜惡。」

在《人間喜劇》中，巴爾扎克深刻刻畫了金錢所具有的毀滅性和逼人腐化墮落的魔力，並將其作為全部作品的中心主題。正如丹麥評論家勃蘭兌斯所說：巴爾扎克小說中的真正主角是誰呢？是沒有姓名沒有性別的英雄——在資產階級社會無孔不入、無所不在的權力——金錢。正是「金錢權力」這個角色成為《人間喜劇》情節發展和人物活動的推動力，決定了人物的關係和命運。

在那個金錢決定一切的時代，巴爾扎克命中注定要在金錢的魔影中生活，他無法選擇，無力超脫。但是，難能可貴的是，巴爾扎克是「為寫作而謀生，絕不是為謀生而寫作。」

巴爾扎克一生都與金錢糾葛，他整個一生是靠欠債度過的。從青年時經營出版印刷業破產負債開始，接連不斷的經營上的慘敗，破產與敗訴的打擊，以及他的不善理財，不善節儉，收

支紊亂，使他一直是舊債未了又添新債，債台高築，至死都未能還清。

高利貸商人和債務監獄的執達吏追逼著他。他發出無奈的哀嘆：「我差一點失去麵包、蠟燭、紙張。執達吏迫害我像迫害一隻兔子，甚至比對兔子還厲害。」

債務的陰影時刻籠罩在他的頭上，使他一放下出神入化的神奇之筆，「回到冷酷的現實」，便感到心悸不安。為了躲債，他和債主們巧妙周旋。為了逃避執達吏的追捕，他挖空心思地隱藏行蹤。人常說「狡兔三窟」，巴爾扎克的藏身之處何止三處。

有趣的是一天夜裡，一個小偷爬進了巴爾扎克的房間，在他的書房裡亂摸。巴爾扎克被響聲驚醒，他一邊悄悄地爬起來，一邊十分平靜地微笑著對那個驚慌失措的窮小夥說：「親愛的，別找了，我白天都不能在這書桌裡找到錢，現在天黑了你更別想找到啦！」

在這裡，我們顯然發現，當一個人面臨金錢的考驗的時候，他的個性會明顯地反映出來——是貪婪者，還是豁達。常言說，欲速則不達。只為錢而活著，肯定就是一種變態的心理，自然會決定一生的行為都是為錢所左右。這種人沒有第二條路可走，會在金錢面前變成奴隸而挫敗自己另外一種有價值的目標。

## 找出自己的決勝優勢

狼成為草原上的強者，最關鍵的原因在於狼找到了自己的優勢：奔跑的速度不是最快，但狼的耐力卻驚人；個體的力量不足以制勝，就結成群體，以群體出戰。

對你自己瞭解越多，你對世界的瞭解也就越多，對他人的瞭解也越多，那樣的話，你距離成功就又近了一步。

人類的歷史，其實就是不斷地征服自然的歷史。當自然被人類「征服」得千瘡百孔、似乎地球上的其他萬事萬物都臣服在人類腳下的時候，人類這才發現，被征服得千瘡百孔的同時還有我們人類自己，我們人類其實臣服在自然的腳下。

太多的悲劇，來源於我們人類並不瞭解自己，不瞭解自己在宇宙中的地位，不瞭解我們人類自己其實是最脆弱的。所以，當人類在繼續將探索的觸角伸向了更遠的太空的同時，也更多地關注起我們人類自身。

這，無疑是人類歷史上的又一次大革命！

那麼，你瞭解你自己嗎？

「我是誰？」這一命題從古到今不知有多少個人在拷問過自己，而且，我們的後人還會繼續這樣拷問下去，直到人類從這個宇宙上消亡為止。

我們自己對自己其實並不瞭解，所以，類似「我是誰」這樣的拷問還會在每個人的思想中繼續著。

哲學家和普通的人一樣，也在探尋「我是誰」的答案，從古希臘的蘇格拉到存在主義哲學家薩特，他們一直在思索著，探索著。其實，說簡單一些，「我是誰」就是一個自我確認問題。

一個人內心一旦確認了自我身分的話，他的一言一行一舉一動就會把自己塑造成那種形象，並且一生不變。

對於人類而言，有一種信念能最大限度地影響我們的生活、事業以及一切，並且能夠讓你成功，那就是對自己身分的確認。

所謂「自我確認」，是指心靈深處對自我的一種界定。這種界定會使我們跟別人迥然有別。換一種說法，就是我們在內心對自己形象的塑造。如果你自己的形象在自己的心中就是一個成功者，是一個才華橫溢、能力超群之士，那麼你肯定會盡情發揮你自以為長的稟賦，最終，你必將成為成功者！

教育家們也發現，一位老師對學生的看法，能夠非常深地影響學生的自我確認，從而影響他們心智的發揮。

有這樣一個研究實例，幾位老師被告知他們剛接手的班上有幾位優等生，怎樣使這些優等生取得優異的成績就是他們的任務。老師對這幾位優等生另眼看待，認為他們是最有前途的學生，不斷地給與表揚，結果，計畫如期實現了，這幾位學生取得了極其優秀的成績。

然而事實上，當初這些學生只是智力極其一般的孩子，甚至，他們中間還有幾位「差生」！

這一實驗表明，好的自我確認對一個人的成長具有極其重要的影響。因為一個人一旦在內心深處確認自我是哪種身分的人的話，就再也看不到自己的另一面了。

上述道理同樣也適用於學生以外的任何人群。

如果我們每一個人在生活中都能對自我的確認有適當的信念，對某些方面有一些特別的調

整，自我確認改變之後的人生就會變得更加有意義，就會少卻無數苦惱、麻煩和痛苦，平添許多歡樂。

當然，對自我確認的改變必須是從嘗試和一再地堅持中形成的，表裡如一的努力就會使人在這種「我是誰」的轉變中獲得成功。

有這樣一個故事：

美國的一個女孩子，名叫戴伯娜，她講述了她參加自我確認實驗之後自己的轉變過程。她說：「我從小就膽小，從不敢參加體育活動，生怕自己會受傷，但是參加這項實驗之後，我竟然能進行潛水、跳傘等冒險運動。

「事情的轉變是這樣的，你們告訴我應該轉變自我確認，從內心深處驅除膽小的信念。我聽從了你們的建議，開始把自己想像為有勇氣的高空跳傘者，並且戰戰兢兢地跳了一回傘。結果朋友們對我的看法變了，認為我是一個活力充沛、喜歡冒險的人。

「其實，我內心仍認為自己膽小，只不過比從前有了一些進步而已。後來，又有一次高空跳傘的機會，我就視之為改變自我確認的好機會，心裡也從『想冒險』向『敢於冒險』轉變。當飛機升到一萬五千米的高度時，我發現那些從未跳過傘的同伴們的樣子很有趣。他們一個個都極力使自己鎮定下來，故作高興地控制內心的恐懼。我心想，以前的我也就是這個樣子。「剎那間，我覺得自己變了。我第一個跳出機艙。從那一刻起，我覺得自己成了另外一個人。」

在這則故事裡，這個美國女孩子變化的主要原因在於內心自我確認的轉變。她一點一滴地淡化掉殘存的自我確認，採取新的自我確認，從而在內心深處想好好表現一番，以作為別人的榜樣。最終，她的自我確認轉變了，從一個膽小鬼變成一位敢於冒險、有能力並且要去體驗人生的新女性。她的這一變化，肯定也會影響了她後來生活中的每一件事，包括她的家庭，她事業的發展和成功。

在我們的生活中，人們往往不願意輕易犧牲自己來拯救別人，特別是當他認為自己的生命是自己的時候更是如此。但是，如果他的信念改變了，他就會樂於助人。比如在要抽取一個人的骨髓之前，先讓他做幾件小事，使之感到不幫助別人會違反人的天性，而幫助他人、為別人做犧牲才是天經地義的，同時也是一種快樂，那麼，當他在內心深處確認自己是個樂善好施者時，再要求他在無損於己的情況下捐贈骨髓，他就會欣然答應。這其中的原因就在於他對自己的認識改變了。世界上最能影響人的東西正在於此。

同樣的，一個人要想獲得發展機會，要想去的人生的成功，成為生活和工作中的優勝者，就應該首先在心目中確立自己是個優勝者的意識。同時，他還必須時時刻刻像一個成功者那樣去思考、行動，並培養成功者的闊大胸襟，這樣，他總有一天會成功。狼成為草原上的強者，最關鍵的原因在於狼找到了自己的優勢：奔跑的速度不是很快，但狼的耐力卻驚人；個體的力量不足以制勝，就結成群體。

我們周圍人對我們的看法，也會深深地影響我們的自我確認。還有，無情的歲月也影響著自我確認。一個人在十年前過得並不如意，但他想像著有一個美好的未來，並極力向此目標奮鬥。結果，今天的他正是當年他心目中確認的那個「未來形象」。由此可見，以什麼樣的標準來看不同時期的自我，決定著自我確認的發展方向。

## 精緻生活

| | | | |
|---|---|---|---|
| 01 | 做人不能太老實 | 李　昊 | 定價：180元 |
| 02 | 快樂智慧王--快樂是件容易的事情 | 曾勝華 | 定價：169元 |
| 03 | 別跟自己過不去 | 柯清華 | 定價：169元 |
| 04 | 憂鬱！你在鬱卒什麼？ | 陳　升 | 定價：200元 |
| 05 | 心靈驛站-讓你沈澱心情的小故事 | 秦　榆 | 定價：169元 |
| 06 | 喝心情釀的酒-洗滌心靈的小故事 | 秦　榆 | 定價：169元 |
| 07 | 找個理由乾杯-激賞心靈的小故事 | 秦　榆 | 定價：169元 |
| 08 | 倒掉鞋裡的沙-擁抱心靈的小故事 | 秦　榆 | 定價：169元 |
| 09 | 改變世界的一句話 | 張建鵬 | 定價：199元 |
| 10 | 會撒嬌的女人最幸福 | 譚郭鵬 | 定價：200元 |
| 11 | 尖端女性--當今世界最有權力的女人 | 羅　宇 | 定價：260元 |
| 12 | 會撒嬌的女人得人疼 | 譚郭鵬 | 定價：200元 |
| 13 | 有一種心態叫放下 | 秦漢唐 | 定價：230元 |
| 14 | 有一種智慧叫捨得 | 秦漢唐 | 定價：230元 |
| 15 | 婚姻像一匹烈馬 | 何　璧 | 定價：260元 |
| 16 | 女人壞，男人愛--新世界女人書 | 喬　飛 | 定價：200元 |
| 17 | 有一種愛叫放手 | 范瑋方 | 定價：200元 |
| 18 | 會裝傻的女人最幸福 | 溫柔九刀 | 定價：240元 |
| 19 | 風姿綽約：女性美麗的修練 | 蘇蓮娜 | 定價：240元 |
| 20 | 女人如此誰不愛 | 譚郭鵬 | 定價：200元 |
| 21 | 悟在當下--佛經中的智慧 | 秦漢唐 | 定價：200元 |
| 23 | 簡單心快樂活 | 魏蓮美 | 定價：200元 |
| 24 | 血型・星座・愛情 | 譚馨琴 | 定價：220元 |
| 25 | 血型・生肖・愛情 | 譚馨琴 | 定價：220元 |
| 26 | 戀愛時不知，結婚後要懂 | 張曉慧 | 定價：230元 |
| 27 | 身爲女人不能不懂的事 | 張曉慧 | 定價：230元 |
| 28 | 女人這樣做最聰明 | 李娜 | 定價：240元 |
| 29 | 聰明女破譯男人心密碼 | 李娜 | 定價：240元 |
| 30 | 聰明女孩這樣做變有錢 | 李娜 | 定價：230元 |
| 31 | 男人女人本不同 | 譚郭鵬 | 定價：240元 |
| 32 | 愛是享受，愛不是佔有 | 譚郭鵬 | 定價：240元 |
| 33 | 男人就是這樣；女人總是那樣 | 譚郭鵬 | 定價：240元 |
| 34 | 別讓家變成傷人的地方：薩提爾式家庭治療 | 譚郭鵬 | 定價：280元 |

| | | | |
|---|---|---|---|
| 35 | 改變世界的一句話：影響名人的名言 | 張建鵬 | 定價：240元 |
| 36 | 捨得大智慧：放下真英雄 | 秦漢唐 | 定價：240元 |

## 愛情魔法書

| | | | |
|---|---|---|---|
| 01 | 破鏡重圓——把愛重新追回來 | 張晉慊 | 定價：240元 |
| 02 | 女追男：男追女 愛情36計 | 張晉慊 | 定價：260元 |
| 03 | 狩獵樂章——用心譜出一段戀曲 | 張晉慊 | 定價：240元 |

## 狼行天下

| | | | |
|---|---|---|---|
| 01 | 狼道-強者的生存法則 | 若　木編著 | 定價：200元 |
| 02 | 狼魂-強者的經營法則 | 若　木編著 | 定價：200元 |
| 03 | 豺狼商學院--狼性的經營與管理學 | 若　木編著 | 定價：200元 |
| 04 | 狼天下行-勇者的生存智慧 | 若　木編著 | 定價：200元 |
| 05 | 經營自己的強項 | 拿破崙西爾 | 定價：200元 |
| 06 | 動物商學院 | 王在華　著 | 定價：240元 |
| 07 | 狼謀-智慧生存的72條狼性法則 | 高紅敏　著 | 定價：200元 |
| 08 | 獅子不和老鼠比賽-一流人不做二流事 | 高紅敏　著 | 定價：220元 |
| 09 | 狼走天涯吃肉 | 石向前 著 | 定價：220元 |
| 10 | 白手起家的33項金律 | 王伯森 著 | 定價：200元 |
| 11 | 窮得只剩好心情 | 常樂天 著 | 定價：200元 |
| 12 | 你不理財，財不理你 | 喬 木　著 | 定價：220元 |
| 13 | 微軟大帝比爾・蓋茲智慧全集 | 隋曉明 著 | 定價：250元 |
| 14 | 人際關係中絕不能說的蠢話 | 魏成晉 | 定價：220元 |
| 15 | 李嘉誠經商6大忠告 | 魏成晉 | 定價：240元 |
| 16 | 李嘉誠經商之道 | 秦浦 | 定價：280元 |
| 17 | 李嘉誠傳奇人生 | 秦浦 | 定價：280元 |
| 18 | 大老闆們給年輕人最有價值的66個忠告 | 秦韜奮 | 定價：280元 |
| 19 | 馬克・祖克柏成功密碼<br>Facebook 之父給年輕朋友的啓示 | 秦韜奮 | 定價：280元 |
| 20 | 40歲前，你如何變有錢 | 秦奮天 | 定價：280元 |
| 21 | 郭台銘成功語錄99則 | 魏成龍 | 定價：300元 |
| 22 | 李嘉誠成功語錄99則 | 魏成龍 | 定價：300元 |
| 23 | 厚黑學36計 | 秦漢唐 | 定價：200元 |

國家圖書館出版品預行編目資料

狼噬：強者的生存法則 / 麥道莫 著一版.
-- 臺北市 :廣達文化, 2014.4
面 ; 公分. -- （都市狼族：1）（文經閣）
ISBN 978-957-713-547-6(平裝)
1.成功法
177.2 1030005060

文經閣

書山有路勤為徑
學海無涯苦作舟

# 狼噬：強者的生存法則

作　者：麥道莫
叢書別：城市狼族 01
出版者：廣達文化事業有限公司

**文經閣企畫出版**
Quanta Association Cultural Enterprises Co. Ltd
編輯執行總監：秦漢唐

編輯所：臺北市信義區中坡南路 287 號 5 樓
通訊：南港福德郵政 7-49 號
電話：27283588　傳真：27264126

**E-mail：siraviko@seed.net.tw**
**www.quantabooks.com.tw**

製　版：卡樂製版有限公司
印　刷：大裕印刷排版公司
裝　訂：秉成裝訂有限公司

代理行銷：創智文化有限公司
23674 新北市土城區忠承路 89 號 6 樓
電話：02-2268-3489　傳真：02-2269-6560

CVS 代理：美璟文化有限公司
電話：02-27239968　傳真：27239668

一版一刷：2014 年 4 月
**定 價：240 元**

在競爭中不存在著謙讓

在競爭中不存在著謙讓